Stefan Buczacki

DER *Meister* GÄRTNER

# Die schönsten Bodendecker

Bechtermünz

Erstmals veröffentlicht von
Hamlyn Octopus in Großbritannien
unter dem Titel *Best Ground Cover*
Hamlyn ist ein Imprintverlag von
Octopus Publishing Group Limited
2-4 Heron Quays
Docklands
London E14 4JP

**Deutsche Erstausgabe**

Copyright © by Octopus Publishing Group Ltd 2000
Copyright © für den Text by Stefan Buczacki 2000
Copyright © für Layout und Design by Octopus Publishing Group Ltd 2000
Copyright © der deutschen Übersetzung by Weltbild Verlag GmbH, Augsburg 2001
Bearbeitung und Koordination der deutschen Ausgabe:
Neumann & Nürnberger, Leipzig - Machern
Kreativdirektor: Keith Martin
Lektorat: Jane Birch und Julian Brown
Layout: Bryan Dunn und Tony Truscott
Spezialfotografie: Howard Rice
Bildrecherche: Charlotte Deane
Umschlaggestaltung: Georg Lehmacher, Friedberg (Bayern)
Umschlagmotive: OKAPIA/Erich Geduldig, OKAPIA/Manfred Ruckszio, COREL
Gesamtherstellung: Toppan Printing Co. (HK) Ltd
Printed in China
ISBN 3-8289-1611-2

# INHALT

# EINLEITUNG

Ich verbringe weitaus mehr Zeit in Buchantiquariaten, als ich eigentlich sollte. Und es ist vielleicht nicht erstaunlich, dass mein Interesse dabei vor allem den Gartenbüchern gilt. Im Laufe der Jahre habe ich mir so einen großen Bestand an Literatur aus der viktorianischen Zeit zugelegt. Ihre Lektüre ist hochinteressant, denn die Gartenmethoden haben sich in den letzten 150 Jahren stark verändert. Außerdem ist die Geschichte immer noch die beste Quelle, um etwas für die Gegenwart zu lernen, obwohl die „bodendeckende Pflanze" als Begriff nur sehr selten in der Gartenliteratur des 19. Jahrhunderts auftaucht. Dies liegt daran, dass ihre Verwendung im Garten nach unserem heutigen Verständnis des Begriffes erst in der zweiten Hälfte des 20. Jahrhunderts begann, obgleich niedrig wachsende Pflanzen schon genauso lange existieren wie alle anderen Arten.

Die Entwicklung der bodendeckenden Pflanzen erfolgte vor allem im Zuge des Strebens nach Arbeitseinsparung im Garten. Jeder, der im 19. Jahrhundert einen anständigen Garten hatte, besaß auch genug Arbeitskräfte und Geld für seine Pflege. Unkrautjäten, Gießen, Düngen, Schnittarbeiten und das Sauberhalten galten damals als selbstverständlich für die ordentliche Bewirtschaftung eines Gartens. Nur wenige größere Gärten wurden maßgeblich von denselben Leuten gepflegt, die auch ihre Eigentümer waren oder sich dort erholten. Aber die Zeiten haben sich geändert. Heutzutage verrichten die meisten Gartenbesitzer alle anfallenden Arbeiten selbst, und je mehr Zeit man dafür braucht, umso weniger Zeit bleibt übrig, um den Garten zu genießen oder anderen Freizeitbeschäftigungen nachzugehen. Auf diesen Zusammenhang ist die „Erfindung" der bodendeckenden Pflanzen zurückzuführen. Auf Seite 6 wird näher erläutert, wie diese Pflanzen wirken und wie man mit ihrer Hilfe die angestrebten Ziele erreichen kann.

Es gibt keine speziellen Familien von bodendeckenden Pflanzen. Fast alle gehören

**Bodendeckende Pflanzen können vielfältig eingesetzt werden, sowohl für funktionelle als auch für ästhetische Zwecke. Hier umschließen sie Gehwegplatten mit einem herrlichen Samtteppich.**

zu Familien oder Gattungen, die auch große, kompakte und sogar aufrecht wachsende Arten umfassen. So gehören die Pflanzen, die ich in diesem Buch beschrieben habe, vielen verschiedenen Familien an, wobei ihre

Auswahl – wie auch in anderen Büchern dieser Reihe – auf meinen persönlichen Erfahrungen basiert. Einen Großteil dieser Pflanzen finden Sie sicher in der Abteilung für „Bodendecker" in ihrem örtlichen Gartenzentrum. Andere stelle ich deshalb vor, weil sie nach meinen eigenen Erfahrungen diese Funktion besonders gut erfüllen. Natürlich gibt es noch weitere, deren Eignung sicher anderen Gärtnern aufgefallen sein mag.

Ich möchte jedoch hier noch einige wichtige Vorbemerkungen zu meiner Auswahl anfügen. Die in diesem Buch beschriebenen Pflanzen besitzen ein breites Spektrum an Größe und Wuchskraft, und der Leser sollte dies beachten, wenn er seine eigene Auswahl trifft.

Alpenpflanzen, die gute Bodendecker in einem kleinen Beet sind, gehen auf einer großen Fläche verloren. Andererseits kann ein bodendeckender Strauch mit großer Wuchskraft eine kleine Rabatte sehr schnell überwuchern. Deshalb sind die Größenangaben jeder Pflanze genau zu beachten. Ich habe auch darauf hingewiesen, welche Arten mit dem Award of Garden Merit (AGM) der Royal Horticultural Society ausgezeichnet wurden. Dies heißt natürlich nicht unbedingt, dass diese Pflanzen jedem gefallen müssen (es gibt bestimmte Arten mit AGM-Preis, die ich selbst abscheulich finde). Jedoch bedeutet diese Auszeichnung, dass die Eignung als gute Gartenpflanze von Fachleuten positiv getestet wurde.

Ihre Fähigkeit zur Unkrautunterdrückung ist fast immer der Hauptgrund für den Einsatz von bodendeckenden Pflanzen (siehe S. 6). Deshalb habe ich auch angegeben, wie wirksam jeder einzelne Pflanzentyp bei voller Ausbildung und Reife in dieser Beziehung ist. Die dabei benutzte Abstufung von 1 bis 5 (1 = relativ unwirksam, 5 = sehr wirksam) beruht wiederum auf meinen eigenen Erfahrungen.

Schließlich sollte man auf keinen Fall „bodendeckend" mit „wuchernd" verwechseln. Eine wuchernde Pflanze (die nicht unbedingt flach wachsend sein muss) breitet sich sehr schnell aus, und es kann dann wirklich sehr schwierig sein, sie wieder zu entfernen. Zweifellos gibt es auch unter den bodendeckenden Arten einige, die wuchernde Eigenschaften besitzen.

*Campanula takesimana* unterdrückt das Unkraut um diese Steinbank herum und schafft zusätzlich Farbe.

*Vinca minor* 'Gertrude Jekyll' ist eine der vielen bodendeckenden Pflanzen von unschätzbarem Wert, die mit dem AGM-Preis ausgezeichnet wurde.

# GRUNDLAGEN DER BODENDECKUNG

Vielleicht möchten Sie einfach gern bodendeckende Pflanzen wegen ihrer ästhetischen Ausstrahlung in Ihrem Garten anbauen. Zweifellos sind die Pflanzen, die man mit dem Fachbegriff „niedrig wachsende Monokultur" bezeichnet, äußerst reizvoll („Monokultur" bedeutet hierbei einfach, dass nur ein einziger Pflanzentyp kultiviert wird). Dies ist im Übrigen auch der Grund, warum jahrhundertelang große Rasenflächen in den Gärten angelegt wurden. Auch Rasen gehört nämlich zu den niedrig wachsenden Monokulturen. Zumindest ist dies am Anfang so, denn nach einigen Jahren kann daraus eine Mischpflanzung entstehen, wenn Gänseblümchen, Ehrenpreis, Klee, Löwenzahn und anderen Pflanzen im Gras auftauchen. Wegen dieses Auftretens anderer Pflanzenarten ist der Rasen trotz seines fast universellen Charakters kein idealer Bodendecker. Seine Beliebtheit ergibt sich aus dem Umstand, dass man auf dem Gras laufen und es mähen kann, und weniger daraus, dass der Rasen in der Lage ist, Unkräuter zu unterdrücken.

**Bodendeckende Pflanzen wie diese *Lamium maculatum* 'White Nancy' unterdrücken das Unkrautwachstum und tragen dazu bei, den Boden feucht zu halten.**

## Wirkung der Bodendeckung

Wie sieht nun ein gute Bodendeckung aus und wie wirkt sie? Ich habe bereits darauf hingewiesen, dass sich die Verwendung einer Bodendeckung besonders für die viel beschäftigten Hobbygärtner von heute eignet. Ich möchte dies an dieser Stelle noch einmal betonen, denn mit dieser Methode kann ein relativ großer Bereich des Gartens arbeits- und problemfrei gestaltet werden. Darin kommt das Konzept eines minimalen Pflegeaufwandes zum Ausdruck. Ich behaupte, dass die Verwendung bodendeckender Pflanzen das klassische Gartenbeispiel für praktische Ökologie darstellt.

Das Konzept der Bodendeckung basiert in erster Linie auf dem Konkurrenzverhalten zwischen den Pflanzen und ist erst in zweiter Linie auf die Erhaltung der Bodenfeuchtigkeit gerichtet. Eine flach wachsende, bodendeckende Pflanze, die die Erde mit einem Teppich aus Blättern und Stän-

geln überdeckt, entzieht dadurch anderen Pflanzen, insbesondere einjährigen Unkräutern, das Licht und hungert sie auf diese Weise aus. Aber auch Wasserverluste durch Verdunstung von der Bodenoberfläche werden so vermindert, und die Feuchtigkeit bleibt besser erhalten.

## Unkrautunterdrückung

Um jedoch ihre Wirksamkeit als Bodendecker zu entfalten, müssen die entsprechenden Pflanzen ein schnelles Wachstum, ja vielleicht sogar eine gewisse Aggressivität aufweisen. Dabei besteht natürlich die Ge-

**Mischpflanzungen verschiedener Bodendeckerformen können sehr attraktiv wirken.**

fahr, dass nicht nur Unkräuter, sondern auch andere Gartenpflanzen überwuchert werden. Deshalb ist ein sorgfältiger Kompromiss erforderlich. Ich habe gerade erwähnt, dass Bodendecker verwendet werden, um einjährige Unkräuter zu unterdrücken. Gerade diese sind nämlich relativ empfindlich gegenüber Konkurrenzpflanzen, weil sie keine wesentlichen Energiereserven besitzen. Ihr Wurzelsystem ist nur klein, und so müssen sie sich praktisch beim Wachsen, „von der Hand in den Mund" ernähren. Wenn man ihnen Licht und Luft entzieht, gehen sie ein. Anders ist die Situation bei mehrjährigen Unkräutern. Selbst bei Licht- und Luftentzug können diese dank ihres tiefen und verzweigten Wurzelsystems auf gespeicherte Nährstoff- und Energiereserven zurückgreifen. Das bedeutet nicht, dass man sie nicht auch durch eine kräftige bodendeckende Pflanze aushungern kann. Allerdings ist auch klar, dass jede bodendeckende Pflanze, die stark genug ist, um mehrjährige Unkräuter zu besiegen, zwangsläufig auch alle anderen Kulturpflanzen in ihrer Umgebung mit vernichten wird.

Auch die Probleme beim Wachsen und Reifen einer bodendeckenden Pflanze sollte man beachten. Ein Setzling im Frühstadium ist gegenüber Konkurrenzpflanzen wehrlos, und man muss sich um ihn kümmern. Niemand sollte denken, dass eine bodendeckende Jungpflanze besser mit Konkurrenzpflanzen zurechtkommt als andere Arten. Deshalb ist das Unkraut um die junge bodendeckende Pflanze mit der Hand zu entfernen, bis sie kräftig genug ist. Unkrautvernichtungsmittel, durch die Schäden an der Pflanze entstehen können, sollte man nicht verwenden.

Wie bereits erwähnt, enthält das Pflanzenverzeichnis eine Klassifizierung von 1 bis 5, die aussagt, wie gut jeder Pflanzentyp Unkräuter unterdrücken kann. Falls man bodendeckende Pflanzen hauptsächlich aus diesem Grund anbauen will, sollte man genau auf diese Einstufung achten. Aber man

**Pflanzen mit großen, aber auch mit vielen kleinen Blättern bilden eine wirksame Bodendeckung.**

darf auch nicht vergessen, wie leicht es manchmal ist, die Unkräuter zwischen Pflanzen der Klasse 3, 2 oder 1 mit der Hand zu entfernen. Bodendeckende Rosen sind für mich das klassische Beispiel für sich ausbreitende Pflanzen, die auch sehr hübsch aussehen. In einem verunkrauteten Beet sind sie aber eher kontraproduktiv. Durch ihre ziemlich offene Wuchsstruktur werden Unkräuter nicht besonders gut unterdrückt.

7

# VERWENDUNG BODENDECKENDER PFLANZEN

Während die meisten Zierpflanzen nur wegen ihres attraktiven Aussehens im Garten angebaut werden, liegen die Gründe bei bodendeckenden Pflanzen etwas anders. In den meisten Fällen sollen sie einen doppelten ästhetischen und funktionellen Zweck erfüllen. Nachfolgend werden nun die verschiedenen Möglichkeiten dargestellt, um diese beiden Funktionen miteinander zu kombinieren.

Bodendeckende Pflanzen lassen sich mit vielen anderen Gartenpflanzen mischen. Da sie im Allgemeinen flach wachsend sind, pflanzt man sie zumeist an den Rand von Gartenrabatten. Darüber hinaus gibt es aber auch viele Arten, die ziemlich groß werden und sich ausbreiten. Diese werden dann mehr in die Mitte der Pflanzung platziert.

## Gute Nachbarpflanzen

Im Frühstadium der Pflanzung bis sich die Bodendecker über die gesamte Fläche ausgebreitet haben, kann man sie mit einjährigen Pflanzen mischen. Wenn sie jedoch dann kräftiger werden und sich stärker ausbreiten, erleiden einjährige Pflanzen das gleiche Schicksal wie einjährige Unkräuter und werden vollständig unterdrückt, wobei zweifelhaft ist, ob man dann überhaupt noch genug Platz hat, um sie zu pflanzen. Blumenzwiebeln können jedoch mit bestimmten Bodendeckerarten gemeinsam gepflanzt werden. Ich habe selbst schon attraktive Kombinationen mit kurz wachsenden Blumenzwiebeln gesehen, die durch die Stängel von offen strukturierten, Laub abwerfenden Bodendeckersträuchern hindurch wachsen und dann zeitig blühen, bevor das bodendeckende Laubwerk erscheint. Hoch wachsende Blumenzwiebeln wie Narzissen sehen dabei jedoch selten gut aus.

Bodendeckende Pflanzen eignen sich nicht für die Kübelpflanzung. Sogar kleinere Arten wie Alpenpflanzen überwuchern schnell die gesamte Pflanzung, und es ist absolut falsch, sie in Alpenkästen zu pflanzen.

**Bodendeckende Pflanzen können auch gemeinsam mit Blumenzwiebeln gepflanzt werden, die dann durch die Bodendeckung hindurchwachsen.**

Eine Zierpflanzung, die die Wirkungsweise der Bodendeckung illustriert, obwohl sie heute etwas außer Mode gekommen ist (glücklicherweise meiner Meinung nach), ist das Mischbeet aus Koniferen und Heidekraut. Diese Bodendeckung bestand aus Heidekrautpflanzen wie *Calluna*, *Erica* oder *Daboecia*, die im Wechsel mit mittelgroßen und großen Koniferen angepflanzt wurden. Sie zeigte, was man tun kann und erforderte sicher nur sehr wenig Pflege. Leider hatte eine solche Pflanzung nur begrenzte Blattstrukturen, und Koniferen tragen auch keine Blüten, weshalb die Gärtner bald das Interesse daran verloren. Dennoch ist diese Pflanzung aus Heidekraut und Koniferen ein gutes Beispiel dafür, wie man einen farbigen Teppich schaffen kann, aus dem dann größere Pflanzen hervorsprießen. In ähnlicher Weise könnte man Pflanzen, wie z. B. Ziergräser, winterharte Geranien, Efeuarten oder sich ausbreitende Stauden, wie z. B. *Campanula glomerata*, statt Heidekraut verwenden und anstelle der Koniferen krautige Stauden bzw. Blütensträucher und -bäume einsetzen. Meine eigene Pflanzung mit *Stephanandra incisa* 'Crispa' und nach oben enger werdenden Bäumen (siehe S. 46) ist eine andere Variante dieser Idee.

## Funktionalität oder Ästhetik

Insbesondere in großen Gärten gibt es immer wieder Bereiche, in denen es weniger um Ästhetik geht, sondern darum, die Dinge mit einem Mindestaufwand an Arbeit im Griff zu behalten. Dies ist die eigentliche Domäne der schnell wachsenden, stärker wuchernden Bodendecker. Wenn sie erst einmal kräftig genug sind, kann man die Pflegearbeiten über Jahre auf ein Minimum beschränken.

Bodendeckende Pflanzen können aber auch sehr attraktiv an bestimmten Standorten wirken, wo ihre Funktion der Unkrautunterdrückung und Feuchtigkeitserhaltung nicht so wichtig ist.

Hier kommt vor allem der flach wachsende Habitus dieser Pflanzen zum Tragen. Zu den erfolgreichsten Pflanzungen in meinem Steingarten gehören bodendeckende Arten, wie Ziergräser und Sträucher, wie *Salix repens*, wobei hier der Kies selbst (insbesondere, wenn er auf einer undurchlässigen Matte liegt) die Unkräuter unterdrückt und die Bodenfeuchtigkeit erhält. In einem solchen Bereich könnte man erwägen, besonders attraktive Pflanzen, die selbst unter der Unkrautunterdrückungsklasse 3 liegen, einzusetzen. Dies unterstreicht die Notwendigkeit, dass ein Gärtner bei Bodendeckern immer unvoreingenommen sein sollte, weil diese Pflanzen die doppelte Eigenschaft besitzen, hübsch auszusehen und/oder Arbeit zu ersparen.

**Wie auch bei allen anderen Pflanzungen ist für Bodendecker eine sorgfältige Farbabstimmung erforderlich.**

**Die ideale Bodendeckung sieht das ganze Jahr über attraktiv aus.**

# PFLANZGUT UND PFLANZUNG

Zu seinen Pflanzen kann man auf zwei Wegen kommen: Entweder kauft man sie oder man zieht sie selbst durch Aussaat. Bei den meisten bodendeckenden Pflanzen, die in diesem Buch empfohlen werden, ist wohl der Kauf die beste Möglichkeit, weil dadurch alles schneller geht und man sofort mit dem Pflanzen beginnen kann. Ein weiteres Argument für die Kaufvariante besteht darin, dass es sich bei vielen Pflanzen um speziell selektierte Arten handelt, die man aus Saat nicht richtig nachziehen kann und deren Vermehrung nur durch Stecklinge, Teilung oder sogar Ableger möglich ist.

## Container oder offene Wurzeln

Wenn man seine Pflanzen im Gartencenter kauft, bekommt man sie dort höchstwahrscheinlich im Container. Entweder wurden sie im Container gezogen oder später dorthin umgetopft. Eine im Container gezogene Pflanze wird als Steckling oder Setzling in einen Container gepflanzt und bleibt dann dort, wohingegen eine in einen Container umgetopfte Pflanze zunächst in einem Freibeet der Baumschule wächst, dann ausgegraben wird und zum Verkauf in einen Container kommt. Obwohl im Allgemeinen nur bei relativ großen Bäumen dadurch Probleme entstehen können, ist nicht ausgeschlossen, dass auch ein Strauch beim Umtopfen an den Wurzeln beschädigt wird. Wenn es sich also um eine besonders große, seltene oder teure Pflanze handelt, sollte man schon darauf achten, wie sie gezogen wurde.

Wenn man einen großen Strauch kauft oder ihn per Post bestellt (was wahrscheinlich notwendig ist, wenn man etwas Außergewöhnliches sucht), dann wird die Pflanze wahrscheinlich in der Zeit der Vegetationsruhe (Winter bis Frühjahr) geliefert. Die Wurzeln sind offen oder bestenfalls von einem Ballen umschlossen, d. h. ziemlich lose in organische Substanz gehüllt und von einer Plastikfolie umgeben. Während eine

**Beim Pflanzen eines Strauches sollte man ein Pflanzloch ausheben, das doppelt so groß ist wie der Humusballen. Erde mit organischer Substanz und Knochenmehl mischen.**

Containerpflanze zu jedem beliebigen Zeitpunkt gepflanzt werden kann, muss eine Pflanze mit offenen Wurzeln oder Wurzelballen sofort in den Boden gebracht werden. Entweder gleich an ihrem endgültigen Standort oder durch vorläufiges Einschlagen an einer anderen Stelle.

## Pflanzung

Zum Einpflanzen am endgültigen Standort ist ein Pflanzloch auszuheben, das ungefähr doppelt so groß ist wie der Kompostballen einer Containerpflanze. Bei Pflanzen mit offenen Wurzeln oder Wurzelballen muss das Pflanzloch zwei Mal so groß sein wie die Ausbreitung der Wurzeln. Dies gilt sowohl für kleine Alpenpflanzen als auch für große Büsche, nur die Ausmaße des Loches sind jeweils verschieden. Die ausgehobene Erde ist mit der gleichen Menge Kompost oder einer ähnlichen organischen Substanz zu vermischen. Dazu sollte man noch paar Hand voll Knochenmehl geben, das durch seinen Phosphatgehalt die Wurzelentwicklung unterstützt und dafür sorgt, dass die Pflanze schnell anwächst.

Falls es sich bei der Pflanze um einen Strauch mit offenen Wurzeln handelt, sind diese vorsichtig im Pflanzloch auszubreiten. Sperrige oder querliegende Wurzeln sind wegzuschneiden. Anschließend füllt man die Mischung aus Gartenerde und Kompost wieder vorsichtig in das Loch zurück, wobei die Pflanze erforderlichenfalls auf und nieder bewegt werden sollte, damit keine Hohlräume zwischen den Wurzeln entstehen. Bei Containerpflanzen stutze ich auch immer gern etwas die Wurzeln an den Rändern des Kompostballens, da sie wegen der höheren Feuchtigkeit in der Mitte des Ballens ansonsten nach innen wachsen und nicht nach außen in den benachbarten Gartenboden. Die Erde ist vorsichtig mit den Händen anzudrücken oder beim Befüllen des Loches nach und nach festzutreten, jedoch nicht zu stark. Schließlich wird ein kleines Gefälle vom Stängel der Pflanze weg geformt, damit kann sich kein Wasser am Fuß sammeln kann, das dann gefriert und Schäden verursacht. Nach dem Pflanzen ist gründlich anzugießen, und der Bereich um die Pflanze ist stets frei von Unkräutern zu halten. Wie bereits auf Seite 7 ausgeführt, ist ein Unkraut unterdrückender Bodendecker im Frühstadium seiner Entwicklung anfällig gegenüber Konkurrenzpflanzen.

**Auch Miniaturformen von Bodendeckern können sehr wirksam sein.** *Mentha requienii* **gehört zu den Pflanzen mit den kleinsten Blättern und Blüten.**

# PFLEGE

Da bodendeckende Pflanzen von Natur aus in der Lage sein müssen, mit anderen Pflanzen zu konkurrieren, reagieren sie besonders gut auf zusätzliche Düngung und Bewässerung. Jedoch ist die beste Düngersorte und die Häufigkeit der Düngergaben von Pflanze zu Pflanze unterschiedlich. Um dieses Problem auf möglichst einfache Weise zu lösen, habe ich für die meisten Pflanzen eine einmalige Düngergabe zu Beginn der Vegetationszeit empfohlen. Bezüglich der Düngerarten sind meine Empfehlungen dann aber differenziert, je nachdem, ob die Pflanzenart vorrangig wegen der Wirkung des Blattwerks oder wegen ihrer Blüten angebaut wird. Es ist gut, wenn man versteht, warum dies so sein sollte.

## Düngen

Für Bodendecker mit großem Blattwerk ist der beste Dünger eine ausgewogene Volldüngermischung, wie z. B. Fisch-, Blut- und Knochenmehldünger auf organischer Basis mit einem N-P-K-Verhältnis (Stickstoff-Phosphat-Kalium) von ungefähr 5:5:6, oder eine vergleichbare Kunstdüngermischung mit einem Verhältnis von 7:7:7. Allerdings finde ich, dass Kunstdünger zu schnell wirkt, um optimale Ergebnisse zu erreichen, und dass seine Wirkung nicht allzu lange anhält. Man muss vielleicht noch einmal darauf hinweisen, dass die handelsüblichen Fisch-, Blut- und Knochenmehldünger in der oben genannten Zusammensetzung nur eine organische Grundlage besitzen und nicht vollständig aus organischer Substanz bestehen, wie dies vielleicht viele Gärtner glauben. Dies liegt daran, dass eine reine Mischung aus Fischmehl, Trockenblut und Knochenmehl zu wenig Kalium enthalten würde, weshalb man Kaliumsulfat hinzufügt, um die Wirksamkeit zu verbessern. Die Anwendung geschieht so, dass um jede Pflanze eine kleine Hand voll der jeweiligen Düngersorte gestreut wird (bei Alpenpflanzen gleicher Größe etwas weniger).

**Minimale Pflege ist die ideale Eigenschaft eines Bodendeckers. Bei *Euonymus fortunei* 'Sunspot' sollte man jedoch darauf achten, dass keine Triebe mit einfarbig grünen Blättern gebildet werden.**

Auch für blühende Bodendecker kann Volldünger eingesetzt werden. Allerdings erreicht man bessere Ergebnisse mit einem Dünger, der einen höheren Anteil an blühförderndem Kalium besitzt. Ich selbst verwende handelsüblichen Rosendünger, den es jetzt sowohl in organischer als auch in künstlicher Form gibt. Es bringt nicht besonders viel, wenn man ein trockenes Düngerpulver einfach um eine Bodende-

**Um die angestrebten Ziele zu erreichen, ist es ab und zu erforderlich, bodendeckende Pflanzen mit organischem Mulch zu umgeben.**

ckerpflanze herum schüttet, die auf einem von Natur aus trockenen Boden steht. Der Dünger bleibt dann nämlich an der Oberfläche und verklumpt.

## Mulchen

Um den Boden um die bodendeckende Pflanze herum feucht zu halten, sollte man im Frühjahr und noch einmal im Herbst mulchen. Es ist jedoch zu beachten, dass der Boden vor dem Mulchen nass sein muss, denn eine Mulchschicht hält einen trockenen Boden genauso trocken wie ein feuchter Boden dadurch feucht bleibt. Das bei weitem beste Mulchmaterial ist selbst hergestellter Kompost oder verrottetes Laub. Pflanzen, die sauren Boden lieben, können auch mit zerkleinerten Koniferennadeln gemulcht werden. Wenn die Pflanze dann kräftig genug ausgebildet ist und den Boden bedeckt, wird das Mulchen zunehmend schwieriger. Die Pflanze übernimmt dann selbst diese Funktion und wird „selbst mulchend".

## Schnitt

Die meisten bodendeckenden Pflanzen brauchen normalerweise nur wenig zusätzliche Pflege, denn sie verkörpern ja das arbeitssparende Gartenkonzept. In einigen wenigen Fällen ist jedoch eine leichtes Ausputzen oder Beschneiden von Vorteil, und ich habe darauf in den Pflanzenbeschreibungen hingewiesen. Nähere Informationen zu Schnittarbeiten finden Sie in meinem Buch „Gehölzschnitt". Jedoch möchte ich auf einige Punkte hier kurz eingehen.

Schnitt bedeutet das Wegschneiden von Pflanzenteilen, und natürlich wird damit die Größe der Pflanze vermindert. Wichtiger ist aber, dass dadurch das Wachstum anderer Pflanzenteile angeregt wird. Knospen, die sich am Ende bzw. an der Spitze eines Stängels befinden, wirken hemmend auf andere, die weiter unten angesiedelt sind. Diese Hemmwirkung kann man vermindern, indem man die senkrechten Stängel nach unten biegt. Dies ist eine gängige Praxis bei Klettergehölzen, um die Blütenbildung über die gesamte Pflanze anzuregen. Diese Erscheinung nennt man apikale Dominanz. Jedoch ist bei bodendeckenden Pflanzen, deren natürliche Wachstumsrichtung ja waagerecht verläuft, diese apikale Dominanz bereits eingeschränkt, so dass man selbst kaum eingreifen muss.

Allerdings ist es immer von Vorteil, beschädigte oder kranke Pflanzentriebe wegzuschneiden, und man sollte auch auf jene Triebe achten, die mehr senkrecht als waagerecht wachsen. Einige bodendeckende Koniferen neigen nämlich ziemlich stark dazu. Pflanzen mit vielfarbigem Laubwerk bilden relativ oft Triebe, die nur einfarbig grüne Blätter besitzen (die ausgezeichnete Bodendeckerart *Euonymus fortunei*, auch als Spindelstrauch bekannt, neigt besonders dazu). Solche Triebe müssen sofort entfernt werden, da sie sich über die gesamte Pflanze ausbreiten würden.

**Harte Flächen und gerade Kanten an Bänken und Wegen können durch bodendeckende Pflanzen wie Efeu aufgelockert werden.**

**Rußtaupilze am Blattwerk von** *Skimmia.*

**Weiße Fliegen können sich auf dem dichten Blattwerk von bodendeckenden Pflanzen stark vermehren.**

Da nicht alle bodendeckenden Pflanzen zu der gleichen botanischen Gattung gehören, können wir hier keine bestimmten Schädlings- und Krankheitsarten nennen, von denen sie besonders befallen werden können. Aber auch wenn eine solche enge botanische Verwandtschaft nicht besteht, so besitzen diese Pflanzen doch auf Grund ihrer gemeinsamen Habitusmerkmale, die sie als Bodendecker und Unkrautunterdrücker auszeichnen, eine deutliche Anfälligkeit gegenüber schädlichen Organismen, die sich zwischen ihren dichten, engen Blättern und Zweigen sowie unter den relativ warmen und feuchten Bedingungen in Bodennähe entwickeln.

Aus diesem Grund sind Schimmelarten, die Blätter, Blüten, Knospen und Früchte befallen, sowie bestimmte Mehltau-, Rost- und Fäulnispilzarten die am häufigsten auftretenden Krankheiten. Auf bodendeckenden Pflanzen, die unter ausladenden Bäumen stehen, kommt es auch oft zur Ansammlung von klebrigem Honigtau, der von den Blättern der Bäume abtropft, und dies kann wiederum zur Entwicklung von schwarzem,

rußartigem Schimmel führen. Unter den Schädlingen sind wohl Blattläuse an erster Stelle zu nennen, und bei warmem Wetter können auch Spinnmilben auftreten. Für zartere, krautartige Pflanzen interessieren sich vor allem Bohrasseln, Nacktschnecken und Tausendfüßler.

Von besonderer Bedeutung für die Schadensbegrenzung in einem engen Gartenareal ist die Anwendung einer Methode, die ich als „Gartenhygiene" bezeichnen würde. Heruntergefallenes Laub und Obst sowie abgestorbene, beschädigte oder befallene Pflanzentriebe sind möglichst gleich abzuschneiden. Wie auch bei anderen Gartenarbeiten sollte der Einsatz von chemischen Sprays erst zuallerletzt und nicht gleich von Beginn an in Erwägung gezogen werden. Nur bei einigen älteren Arten von bodendeckenden Rosen ist das Besprühen als Routinemaßnahme einzusetzen.

Einige Hinweise zur Behandlung der landläufigsten Probleme, die bei bodendeckenden Pflanzenarten anzutreffen sind, habe ich nachfolgend aufgeführt.

**Korallenfleckenkrankheit an** *Pyracantha*

## Bekämpfung von Krankheiten und Schädlingen an bodendeckenden Pflanzen

| Problem | Bekämpfungsmaßnahmen | Problem | Bekämpfungsmaßnahmen |
|---|---|---|---|
| **Asseln** | Den Bereich um die Pflanze mit handelsüblichen Bodeninsektiziden einstäuben. Schädlinge in ihrem Versteck aufspüren und vernichten. | **Rost** | Mit Penconazol-Fungizid einsprühen. |
| **Blattfleckenkrankheit** | Zumeist ist keine Bekämpfung erforderlich, da die Blattfleckenkrankheit selten schwerwiegend verläuft. Falls durch den Befall jedoch das Wachstum behindert wird, sind die Pflanzen mit einem Fungizid einzusprühen. | **Rüsselkäfer** | Ausgewachsene Exemplare, die sich von Blättern ernähren, können durch Mulchen mit organischem Material vertrieben werden. Einsatz handelüblicher Pflanzenschutzmittel, die in den Boden eingeschwemmt werden, um den Wurzelbefall durch Larven zu verhindern. |
| **Blattläuse (Befall von Blättern und Trieben)** | Handelsübliche Insektizide mit Kontaktwirkung einsetzen. Befallene Triebe mit der Hand entfernen oder Insekten mit einem Schlauch abspritzen. | **Rußtaupilze** | Pilze mit Wasser abwaschen oder stark befallene Blätter vernichten, dann die für den Honigtau, auf dem der Pilz wächst, verantwortlichen Schädlinge feststellen und bekämpfen. |
| **Blattminierfliegen** | Bei krautigen Pflanzen befallene Blätter entfernen und vernichten. | **Schildläuse** | Mit Insektiziden einsprühen. |
| **Holzbrand (Sträucher)** | Befallene Zweige herausschneiden und vernichten, keine chemische Bekämpfung möglich. | **Schnecken** | Bei starkem Befall sind die für Nacktschnecken empfohlenen Methoden anzuwenden. Da der Befall aber im Allgemeinen nicht so stark ist und die Schnecken in geringerer Zahl auftreten, kann man sie mit der Hand absammeln und in ihrem Versteck unter Kletterpflanzen aufspüren und vernichten. |
| **Feuerbrand** | Befallene Äste abschneiden und vernichten. Bei Ausbreitung Pflanzen vernichten. | | |
| **Grauschimmelfäule** | Befallene Pflanzenteile vernichten, mit Fungizid einsprühen. | | |
| **Käfer (Löcher im Blattwerk)** | Normalerweise ist eine Bekämpfung nicht notwendig. Bei größerem Befall ist jedoch ein handelsübliches Insektizid mit Kontaktwirkung anzuwenden. | **Spinnmilben (Blätter werden braun, Spinnengewebe)** | Es gibt eigentlich keine Bekämpfungsmöglichkeit. Durch gutes Wässern und Mulchen der Pflanzen kann man aber den Befall einschränken. |
| **Korallenfleckenkrankheit (Sträucher)** | Befallene Äste und Zweige abschneiden und vernichten, dabei weit genug in das gesunde Holz hinein schneiden. Bei wertvollen Zierpflanzen die benachbarten Zweige mit einem systemischen Fungizid einsprühen. | **Stängel- und Fußfäule** | Hier kann man nur wenig tun. Aber da die Fäule oft mit Staunässe verbunden ist, sollte an der Befallstelle für bessere Bodendurchlüftung gesorgt werden. |
| | | **Tausendfüßler** | Befallene Bereiche mit Derriswurzelextrakt einstäuben. |
| **Mäuse/ Wühlmäuse** | Fallen aufstellen oder handelsübliche Köder legen. | **Virus (verformtes Blattwerk)** | Auswirkungen sind zumeist gering, daher keine Bekämpfung erforderlich. |
| **Mehltau** | Darauf achten, dass die Pflanzen nicht zu trocken stehen und Fungizide oder Schwefel applizieren. | **Vögel (fressen Früchte)** | Netz spannen oder andere Schutzmaßnahmen treffen. In wirklich schweren Fällen Vogelscheuchen aufstellen. Man sollte jedoch nicht vergessen, dass alle Vögel gesetzlich geschützt sind und nicht verletzt werden dürfen. |
| **Nacktschnecken** | Handelsübliche feste oder flüssige Schneckenköder verwenden oder Hausmittel wie mit Bier gefüllte Schalen einsetzen. Den Fuß der Pflanze mit feinem Pulver wie Asche oder Ruß abstreuen oder eine Sperre aus feinen, dornigen Zweigen (z. B. Ginster) errichten. | **Weiße Fliegen** | An im Freien wachsenden Pflanzen ist keine Bekämpfung möglich. |
| | | **Wurzelkrankheit/ -fäule** | Stark befallene Pflanzen vernichten. |
| **Raupen (auf Blättern)** | Mit der Hand absammeln, wenn Raupen sichtbar und in geringer Zahl vorhanden sind. Bei massivem Auftreten sind die befallenen Blätter vollständig zu entfernen und zu vernichten bzw. ist ein handelsübliches Insektizid mit Kontaktwirkung anzuwenden. | **Wurzelschädlinge** | Normalerweise gibt es keine Bekämpfungsmöglichkeit. Bei schwerem und ständigem Befall ist der Boden um die befallene Pflanze mit Derriswurzelextrakt oder einem anderen Bodeninsektizid einzustäuben. |

# STRÄUCHER

## *Arctostaphylos* Bärentraube

*„Die Bärentraube ist ein bodendeckender Strauch, der allen, die ihre Freizeit mit Wandern in entlegenen Gebirgsgegenden verbringen, sehr bekannt sein dürfte. Jedoch bezweifele ich, ob es unter hundert von diesen Wanderern einen gibt, der den Namen dieser Pflanze kennt. Mit ihrem Status als Gartenpflanze ist es ähnlich: Sie wird im Allgemeinen ignoriert, spielt aber auch hier eine wichtige Rolle (wobei man die Bodenansprüche beachten muss). Ich bin sicher, dass der volkstümliche Name darauf zurückzuführen ist, dass die Früchte in bestimmten Gegenden dieser Erde von Bären gefressen werden.“*

■ **PFLEGE** Außer der Beachtung spezifischer Standort- und Bodenansprüche braucht dieses Gehölz wenig Pflege.
■ **VERMEHRUNG** Durch Weichholzstecklinge im Sommer oder selbstbewurzelnde Ableger, die sich zahlreich an der Mutterpflanze bilden.
■ **SCHNITT** Nicht erforderlich.
■ **PROBLEME** Keine.
■ **MERKMALE** Immergrüne Pflanzen mit kleinen, leuchtend grünen Blättern und einigen roten Markierungen auf dem Stängel.

---

**GRÖSSE** 10–50 cm × 50 cm–1,5 m
**STANDORT UND BODEN** Saurer Boden und volle Sonne sind erforderlich, da die Pflanze keinen alkalischen Boden, Schatten oder Staunässe verträgt. Ideal für Gärten mit saurem Boden und ausgezeichnet für Sanduferbewuchs geeignet, da die Pflanze auch auf nährstoffarmen, trockenen Böden gedeiht.
**Unkrautunterdrückungsklasse 3.**
**WINTERHÄRTE** Die meisten Arten sind hart und vertragen −15 bis −20 °C.

---

Im späten Frühjahr oder Frühsommer hängen weiß getönte, rosafarbige Blüten wie kleine Glocken über der Pflanze. Im Herbst trägt sie runde, rote Früchte.

---

**Empfohlene Arten**
*Arctostaphylos nevadensis*: niedrig liegende, kalifornische Art, die nur bedingt winterhart ist und ca. −15 °C verträgt; *A. uva-ursi* (Gemeine Bärentraube): Alpenstrauch, 'Vancouver Jade': rosafarbige Blüten.

---

## *Aucuba* Goldblatt

*„Ich gehöre zu der wachsenden Zahl von Gärtnern, die versuchen, die Aucuba-Arten wieder salonfähig zu machen, nachdem sie schon viele Jahre lang zur Kategorie der uninteressanten und langweiligen Pflanzen gehören. Mein Hauptargument bei dieser Werbekampagne ist, dass diese Pflanzen attraktiv sind und sowohl Schatten als auch Trockenheit vertragen. Ein weiterer Pluspunkt besteht in der Tatsache, dass einige Arten auch gute Bodendecker sind.“*

■ **PFLEGE** Kaum notwendig. Zur Fruchtbildung ist es allerdings erforderlich, ein weibliches Exemplar gemeinsam mit einem männlichen zu pflanzen (wie in der Natur), um eine Befruchtung zu gewährleisten.
■ **VERMEHRUNG** Im Frühsommer durch Weichholzstecklinge oder im Herbst bzw. Winter durch Hartholzstecklinge im Frühbeet.
■ **SCHNITT** Nicht erforderlich. Kann jedoch nötigenfalls zurückgeschnitten werden, um das Wachstum zu begrenzen.
■ **PROBLEME** Keine ernsthaften, ob-

---

**GRÖSSE** Die meisten Arten erreichen ca. 1 m × 1 m nach 5 Jahren und schließlich 4 × 3,5 m. Die hier empfohlene bodendeckende Art wird jedoch selten größer als 1 × 1 m.
**STANDORT UND BODEN** Die Pflanze wird besonders geschätzt wegen ihrer Verträglichkeit von Schatten, Schmutz und extremen Bodenverhältnissen, wie z. B. von Trockenheit und schwerem Ton.
**Unkrautunterdrückungsklasse 4.**
**WINTERHÄRTE** Sehr hart, verträgt mindestens −20 °C.

---

*Arctostaphylos uva-ursi* 'Vancouver Jade'

wohl ziemlich häufig eine unerklärbare Schwarzfärbung der Triebspitzen auftritt.

■ **MERKMALE** Harte, immergrüne Pflanzen für schwierige Standorte. Einfarbig grünes Blattwerk mit ovalen oder spitzen Blättern. Viele Arten sind auch mit cremefarbigen oder gelben Markierungen gesprenkelt. Weibliche Exemplare tragen runde, zumeist rote Früchte.

> **Empfohlene Arten**
> *Aucuba japonica* 'Nana Rotundifolia': kleiner, runder Busch mit kleinen, dunkelgrünen Blättern, die nahe der Spitze einen scharfen Zahn besitzen. Freifruchtende, weibliche Form, die jedoch ein männliches Exemplar in der Nähe erfordert.

## *Berberis* Sauerdorn

*„Sie können in jedem beliebigen Gartencenter nachfragen – überall wird man ihnen bestätigen, dass die vielen Arten der Berberis heutzutage zu den populärsten Ziersträuchern gehören. Diese Pflanzen besitzen eine breites Spektrum an Blüten und Blättern und werden in vielerlei Wuchsformen angeboten. Als Bodendecker schätzt man sie jedoch weitaus weniger."*

■ **PFLEGE** Im Frühjahr und Hochsommer Rosendünger verabreichen, um die Blüte zu fördern.

■ **VERMEHRUNG** Durch Aussaat der einzelnen Arten im Herbst. Bei immergrünen Formen durch halb reife Sprossstecklinge im Frühherbst.

■ **SCHNITT** Nicht erforderlich.

■ **PROBLEME** Keine.

■ **MERKMALE** Immergrüne oder Laub abwerfende Gehölze. Für die Bodendeckung sind jedoch die immergrünen Formen geeigneter. Sie haben ovale bis längliche Blätter mit verschiedenen Grün-

nuancen. Einige Arten (zumeist immergrün) bieten eine schöne Herbstfärbung. Gelbe oder orangefarbige Blüten erscheinen im Frühjahr oder Frühsommer, oft gefolgt von dunklen Früchten.

> **GRÖSSE** Unterschiedlich. Die hier empfohlenen Arten erreichen 75 × 75 cm nach 5 Jahren, 1,2 – 1,5 × 1,2 – 1,5 m nach 10 Jahren.
> **STANDORT UND BODEN** Gut geschützter Standort in hellem Schatten oder Sonne. Gedeiht in den meisten Gartenböden, außer sehr trockenen. Verträgt normalerweise relativ schweren Boden.
> **Unkrautunterdrückungsklasse 3.**
> **WINTERHÄRTE** Hart bis sehr hart. Die meisten Arten vertragen mindestens –20 °C.

*Berberis verruculosa*

> **Empfohlene Arten**
> *Berberis* x *bristolensis*: kleine, dicht wachsende, immergrüne Art mit kleinen, stachligen Blättern, Blattwerk glänzend grün, unten weiß, gelbe Blüten, bläulich schwarze Früchte; *B. calliantha*: AGM-Preis, kleine, immergrüne Pflanze, stechpalmenartige Blätter mit blaugrüner Unterseite, junge Stängel dunkelrot, blassgelbe Blüten, bläulich schwarze Früchte; *B. candidula*: dicht wachsende, kuppelförmige, immergrüne Pflanze, kleine, dunkelgrüne Blätter, unten weiß, leuchtend gelbe Blüten, weißlich purpurfarbige Früchte; *B. verruculosa*: AGM-Preis, kompakte, immergrüne Pflanze, ovale, dornenartige, olivgrüne Blätter, unten silberfarbig, halb gefüllte, gelbe Blüten, bläulich schwarze Früchte; *B. wilsoniae*: AGM-Preis, Laub abwerfend, jedoch fast immergrün, dichte Wuchsform, dornige Stängel, graugrünes Blattwerk mit Herbsttönung, gelbe Blüten im Frühsommer, orangerote Früchte.

# STRÄUCHER

## *Buxus* Buchsbaum

*„In diesem Verzeichnis gibt es einige Pflanzen, die ich als Bodendecker empfehle, obwohl sie als Heckenkultur bekannter sind. Sicher braucht man für die Bodendeckung eher flach wachsende als hoch stehende Arten. Aber auch ein dichtes Laubwerk ist für beide Funktionen wichtig, und der Buchsbaum bietet eines der besten Beispiele dafür.“*

■ **PFLEGE** Im Frühjahr mulchen und Volldünger verabreichen.
■ **VERMEHRUNG** Durch halb reife Sprosssteklinge im Sommer oder Hartholzstecklinge im Herbst.
■ **SCHNITT** Im Hochsommer und dann noch einmal Mitte Herbst ausschneiden. Der Buchsbaum regeneriert sich aus altem Holz, aber bei weitem nicht so gut wie die Eibe.
■ **PROBLEME** Buchsbaumblattläuse, Weiße Fliegen, Blattsauger, insbesondere, wenn viele weiche Triebe gebildet werden. Junge, weiche Triebe können auch durch Spätfröste beschädigt werden.
■ **MERKMALE** Robuste, kleinblättrige, immergrüne Pflanzen, die sehr langlebig sind. Der Buchsbaum wird oft als Hecke

> **GRÖSSE** Wird zumeist auf weit unter seine natürliche Größe ausgeschnitten. Buchsbaumeinfassungen werden z. B. auf 15 – 30 cm × 15 – 30 cm begrenzt.
> **STANDORT UND BODEN** Verträgt sehr gut alle Bodenarten, auch alkalische. An sonnigen, trockenen Stellen kann es jedoch zum Vergilben der Blätter kommen. Wird wegen seiner Schattenverträglichkeit geschätzt. **Unkrautunterdrückungsklasse 5.**
> **WINTERHÄRTE** Sehr hart, verträgt mindestens −20 °C.

verwendet, kann aber auch in Blockpflanzung für die Bodendeckung eingesetzt werden.

> **Empfohlene Arten**
> Es gibt viele Arten, unter denen die folgenden jedoch am besten für die Bodendeckung geeignet sind. *Buxus microphylla* (kleinblättriger Buchsbaum): langsam wachsender, rundlicher Strauch, dunkelgrüne Blätter, die im Winter bronzefarbig werden, 40 × 75 cm nach 5 Jahren, Endgröße 1 × 1 m, 'Compacta': sehr kompakte, dichte Art, wächst kugelförmig ohne Schnitt, 30 × 30 cm; *B. sempervirens* 'Prostrata' (syn. 'Horizontalis'): Form des gemeinen Buchsbaums mit sich waagerecht ausbreitenden Zweigen, unterschiedlich groß, aber im Allgemeinen bis zu 1,5 – 3 m im Durchmesser.

*Buxus microphylla* 'Compacta'

## *Calluna* Heidekraut

*„Wenn man nur von der bedeckten Bodenfläche ausgeht, ist das Heidekraut sicher eines der effektivsten bodendeckenden Sträucher der nördlichen Hemisphäre. Das hängt natürlich damit zusammen, dass wilde Moorgebiete großflächig damit bewachsen sind. Im Garten ist diese Funktion nicht so offensichtlich, aber an weniger gepflegten Stellen mit saurem Boden ist die Pflanze nicht weniger wirksam.“*

■ **PFLEGE** Im Frühjahr mit saurem Mulch, wie z. B. zerkleinerten Koniferennadeln, mulchen und Rosendünger verabreichen.
■ **VERMEHRUNG** Durch kurze halb reife Sprosssteklinge im Frühsommer. In angehäufelter Erde inmitten eines alten Horstes bilden sich viele neue Triebe, die dann auch als Stecklinge verwendet werden können. Kann auch gut durch Absenker vermehrt werden.
■ **SCHNITT** Regelmäßiges Ausschneiden ist von Vorteil, da die Pflanzen ansonsten

> **GRÖSSE** Sehr unterschiedlich: kurze Formen 15 – 25 × 30 – 50 cm; mittelgroße Formen 30 – 35 × 40 – 50 cm; große Formen 40 – 50 × 50 – 70 cm. Alle diese Größen werden nach 5 Jahren erreicht, da beste Verwendung als kurzlebige Pflanze.
> **STANDORT UND BODEN** Gedeiht immer am besten in voller Sonne, verträgt aber auch leichten Schatten. Saurer, gut durchlüfteter Boden erforderlich (für alkalische Böden ist eine entsprechende *Erica*-Art, S. 27 zu wählen). Eignet sich ausgezeichnet für windige, frei liegende Gärten. **Unkrautunterdrückungsklasse 5.**
> **WINTERHÄRTE** Sehr hart, verträgt mindestens −20 °C.

schnell ungepflegt aussehen. Das Ausschneiden sollte nach der Blüte oder im zeitigen Frühjahr mit einer Handschere erfolgen.

■ **PROBLEME** Auf nassen Böden kann es zu Wurzelfäule kommen. Auch Stiellähme kann auftreten.

■ **MERKMALE** Immergrüne Pflanzen mit kleinen Blättern, deren Farbe sich mit den Jahreszeiten in attraktiver Weise ändert. Im Sommer trägt die Pflanze eine Fülle kleiner, zierlicher Blüten in malvenfarbigen, roten, rosafarbigen oder weißen Farbschattierungen.

## Ceanothus  Säckelblume

*„Ceanothus ist eines der wichtigsten Gartengehölze, da die Pflanze herrliche, bläuliche Blüten trägt, die unter leicht kultivierbaren Arten besonders selten ist. Die meisten Spezies haben eine aufrechte Wuchsform. Jedoch gibt es auch einige wenige flach wachsende Formen, deren Blüten in Bodennähe dann noch ungewöhnlicher wirken."*

■ **PFLEGE** Im Frühjahr mulchen und nach dem Beschneiden Rosendünger verabreichen.

■ **VERMEHRUNG** Durch halb reife Stecklinge im Sommer.

■ **SCHNITT** Jedes Jahr nach der Blüte leicht zurückschneiden. Triebe mit eventuellen Frostschäden sind im Frühjahr auszuschneiden.

■ **PROBLEME** Auf dünnen, alkalischen Böden kann es zu Chloroseerscheinungen an den Blättern kommen.

■ **MERKMALE** Immergrüne und Blatt abwerfende Sträucher. Jedoch sind nur wenige flach wachsende, immergrüne Arten als Bodendecker geeignet. Die Blätter sind klein und dunkelgrün. Das Tollste sind aber die zuhauf im späten Frühjahr oder Frühsommer erscheinenden kleinen, blauen Blüten.

*Ceanothus thyrsiflorus 'Repens'*

**GRÖSSE** Die meisten hier empfohlenen Formen erreichen 1 – 3 × 1,5 – 3 m. **STANDORT UND BODEN** Geschützte, sonnige oder leicht schattige Stellen. Ideal ist guter Gartenboden, der gut durchlüftet, aber nicht zu dünn oder nährstoffarm ist. Ausgezeichnet geeignet für Gärten in Küstennähe. **Unkrautunterdrückungsklasse 3. WINTERHÄRTE** Die meisten Formen sind kaum bis bedingt winterhart und vertragen –5 °C. Nur einige sind mittelmäßig hart und vertragen –10 °C.

**Empfohlene Arten**

*Ceanothus divergens*: kaum bis bedingt winterhart, purpurblaue Blüten, die aus rötlich purpurfarbigen Knospen entspringen, 1 × 1,5 m; *C. gloriosus*: kaum bis bedingt winterhart, tiefblaue bis purpurfarbige Blüten, 30 cm × 3 m; *C. thyrsiflorus* Art *repens* (Syn. *C. repens*): AGM-Preis, mittelmäßig hart, veilchenblaue Blüten, kräftige, horstartige Wuchsform unterschiedlicher Größe, zumeist ca. 1 × 2,5 m.

## *Cistus* Zistrose

*„Der Anblick von Cistus in einem Garten erweckt sogar an einem trüben Tag sofort Erinnerungen an die heißen, sonnendurchfluteten Hügel am Mittelmeer, wo diese Pflanze beheimatet ist. Und auch Pinien und Kräuter, mit denen sie dort gemeinsam wächst, kann man förmlich riechen. Diese Pflanzen sehen wunderbar leicht und luftig aus und gehören zu den Arten, die zwischen krautigen Pflanzen und Gehölzen liegen. 'Halbstrauch' wäre eine geeignete Bezeichnung für sie."*

■ **PFLEGE** Im Frühjahr und Sommer Volldünger verabreichen. Verwelkte Blüten entfernen, um weiteres Blühen zu fördern. In kälteren Gegenden im Winter durch Abdecken der Krone mit Mulch und Stroh, Farnkraut oder ähnlichem Material etwas schützen.

■ **VERMEHRUNG** Durch halb reife Sprossstecklinge im Sommer oder Hartholzstecklinge im Winter. Einige Arten können durch Aussaat im Herbst gezogen werden.

■ **SCHNITT** Kaum erforderlich. Im Frühjahr frostgeschädigte Triebe wegschneiden, ohne dabei das alte Holz zu verletzen.

■ **PROBLEME** Keine, falls sie am richtigen Standort ohne Schatten, nassen Tonboden und kalte Winde stehen.

■ **MERKMALE** Immergrüne Pflanzen. Die hier empfohlenen Arten haben dunkelgrüne Blätter. Schalenförmige Blüten, zumeist weiß und oft mit attraktiven dunklen Markierungen, erscheinen vom Früh- bis zum Hochsommer. Die einzelnen Blüten sind nur kurzlebig, werden aber in großer Fülle produziert.

**GRÖSSE** Kurzlebig, erreichen 60 cm–1 m × 1–1,5 m nach 5 Jahren.
**STANDORT UND BODEN** Volle Sonne und Kälteschutz erforderlich, sowie leichter, gut durchlüfteter Boden. Ideal für sonnige, sandige Ufer, Steingärten oder Küstengärten in mildem Klima.
**Unkrautunterdrückungsklasse 2.**
**WINTERHÄRTE** Die meisten sind kaum bis bedingt winterhart und vertragen −5 bis −10°C.

**Empfohlene Arten**
Es gibt viele Arten und Hybriden. Jedoch sind nur die folgenden dicht bzw. flächig wachsend genug, um als Bodendecker infrage zu kommen.
*Cistus* x *aguilarii*: große, leuchtend grüne Blätter, weiße Blüten mit gelber Mitte, 1 × 1,5 m; *C.* x *dansereaui* 'Decumbens': AGM-Preis, sich ausbreitende Wuchsform, grosse, weiße Blüten mit dunkelrotem Fleck, 60 cm × 1,2 m; *C.* x *hybridus* (syn. *C.* x *corbariensis*, *C. coeris*): AGM-Preis, dichte Wuchsform, eine der winterhärtesten Arten (aber auch nur bedingt hart), weiße Blüten mit gelben Flecken, die aus roten Knospen entspringen, 1 × 1 m.

*Cistus* x *dansereaui* 'Decumbens'

## Coprosma Koprosma

*„Es ist wirklich schwer, an Koprosmas etwas zu finden. Obwohl sie als Einzelpflanze einen bestimmten Reiz besitzen, glaube ich nicht, dass sie jemals viele Preise gewinnen werden (sicher wurde noch keine der vielen Arten mit dem AGM ausgezeichnet). Besonders in milderen Gegenden können sie jedoch mit ihren eng aneinander liegenden, kleinen Blättern eine recht wirksame Bodendeckung schaffen."*

■ **PFLEGE** Im Frühjahr mulchen und Volldünger verabreichen. Im ersten Winter nach der Pflanzung schützen. In kälteren Gegenden an einer geschützten Stelle pflanzen.
■ **VERMEHRUNG** Durch Aussaat im zeitigen Frühjahr oder halb reife Sprossstecklinge im Hochsommer.
■ **SCHNITT** Nicht erforderlich.
■ **PROBLEME** Keine.
■ **MERKMALE** Immergrüne Sträucher, die wegen ihres Blattwerks kultiviert werden, da die kleinen Blüten ziemlich unauffällig sind. Attraktive Früchte im Spätsommer bzw. Herbst, wenn männliche und weibliche Exemplare zusammengepflanzt werden.

---

**GRÖSSE** Sehr unterschiedlich (siehe Empfohlene Arten).
**STANDORT UND BODEN** Gut durchlüfteter Boden und volle Sonne.
**Unkrautunterdrückungsklasse 3.**
**WINTERHÄRTE** Mäßig hart, verträgt −10 bis −15 °C.

---

**Empfohlene Arten**
*Coprosma propinqua*: drahtstängliger Strauch aus Neuseeland, weibliche Pflanzen tragen blaue Früchte, wenn männliche Exemplare in der Nähe wachsen, 3 × 3 m.

## Cornus Hartriegel

*„Cornus canadensis bildet eine Ausnahme unter den Hartriegelarten. Sie ist fast eine krautige Pflanze und unterscheidet sich sehr von den anderen Gehölzen, die man wegen der leuchtenden Farbe ihrer Stängel im Winter anbaut. Es ist vielleicht nicht immer leicht, die Pflanze im Garten anzusiedeln. Da ich aber schon selbst die großen Waldgebiete in den kanadischen Rocky Mountains gesehen habe, wo diese Art den Boden wie mit einem Mantel überdeckt, bin ich sicher, dass sich etwas Ausdauer schließlich auszahlt."*

■ **PFLEGE** Im zeitigen Frühjahr und Herbst mit verrottetem Laub mulchen und im Frühjahr Volldünger verabreichen.
■ **VERMEHRUNG** Durch Teilung wie bei einer krautigen Staude im Herbst oder zeitigen Frühjahr, oder durch Ableger im Frühjahr.
■ **SCHNITT** Nicht erforderlich.
■ **PROBLEME** Keine.
■ **MERKMALE** Sich an den Boden schmiegende, mit den bekannteren Hartriegelarten verwandte Pflanze.

Halb immergrün mit rundlichen, frischgrünen Blättern, die im Herbst rötliche Schattierungen annehmen. Im Sommer erscheinen um die kleinen, grünlich purpurfarbigen Früchte weiße, beblätterte Jungtriebe, die einen schönen Blickfang bilden. Auf diese folgen wiederum leuchtend rote Früchte.

---

**GRÖSSE** 20 × 60 cm nach 5 Jahren, Endgröße: 20 cm × 3 – 4 m.
**STANDORT UND BODEN** Leichter bis mäßiger Schatten. Verträgt sehr unterschiedlichen Boden, breitet sich aber auf gut durchlüftetem, saurem Lehmboden am besten aus. Auf schwerem Tonboden nicht so erfolgreich.
**Unkrautunterdrückungsklasse 4.**
**WINTERHÄRTE** Hart, verträgt −15 bis −20 °C.

---

**Empfohlene Arten**
*Cornus canadensis* (syn. *Chamaepericlymenum canadense*) (Kriechender Hartriegel): AGM-Preis, nur die echte Spezies ist erhältlich.

*Cornus canadensis*

## *Cotoneaster* Zwergmispel

*„Die Gattung* Cotoneaster *nimmt einen besonderen Platz im Garten ein, obwohl sie zu der Gruppe von Gehölzen gehört, die immer noch als normal angesehen werden und deren wirkliche Vorteile kaum jemand kennt. Ein typisches Beispiel dafür ist die Tatsache, dass mich Leute oft nach dem Namen einer attraktiven Pflanze fragen und dann immer wieder überrascht sind, dass es sich ja schon wieder um eine* Cotoneaster*-Art handelt, die ihnen aufgefallen ist. Es gibt ca. 70 Arten, von denen einige sehr viele Sorten besitzen. Arten für die nördlichen Gebiete mit gemäßigtem Klima sind ziemlich weit verbreitet, und einige von ihnen kommen aus ausgeprägt kalten Zonen. Daher ist die Mehrheit vollständig winterhart. Viele Pflanzen bilden eine äußerst wirksame Bodendeckung und dazu gehören auch viele Laub abwerfende Arten. Die hier empfohlenen Arten sind einfach diejenigen, die ich selbst angebaut habe. Sicher könnte man ohne weiteres auch noch andere nennen, die diese Funktion genauso gut erfüllen."*

**GRÖSSE** Flach wachsende Formen erreichen ca. 50 cm × 1 m nach 5 Jahren, 1 × 2 m nach 10 Jahren.
**STANDORT UND BODEN** Volle Sonne bis mäßiger Schatten. Gedeiht in jedem normalen Gartenboden, am wenigsten jedoch an flachen, trockenen und alkalischen Standorten. Ideal für windige, exponierte Gärten.
**Unkrautunterdrückungsklasse 3–4.**
**WINTERHÄRTE** Sehr hart, verträgt mindestens −20°C.

■ **PFLEGE** Nur in geringem Maße erforderlich. Voll- oder Rosendünger im Frühjahr ist jedoch vorteilhaft.
■ **VERMEHRUNG** Durch halb reife Sprossstecklinge im Sommer oder Hartholzstecklinge im Winter. Einige flach wachsende Arten lassen sich durch Ableger vermehren.
■ **SCHNITT** Nicht erforderlich. Falls jedoch die Höhe begrenzt werden muss, sollte ein leichter Rückschnitt im Frühjahr vorgenommen werden.

■ **PROBLEME** Feuerbrand.
■ **MERKMALE** Laub abwerfendes oder immergrünes Gehölz mit dunkelgrünen bis graugrünen Blättern. Einige mit Laubfärbung durch Rötung der alten Blätter im Spätherbst. Weiße Blüten erscheinen im Frühjahr oder Frühsommer, gefolgt von Früchten im Herbst. Innerhalb der einzelnen Arten gibt es sehr unterschiedliche Wuchsformen.

*Cotoneaster dammeri*

*Cotoneaster microphyllus* var. **'Cochleatus'**

**Empfohlene Arten**

*Cotoneaster adpressus*: AGM-Preis, Laub abwerfendes, niederliegendes Gehölz, schöne Herbstfärbung, 30 cm × 2 m; *C. congestus* (Syn. *C. pyrenaicus*): immergrün, dicht wachsend, kriechende Wuchsform, 10 – 70 × 90 cm, 'Nanus': ideal für Steingärten, da nur 5 × 50 cm groß; *C. conspicuus* 'Decorus': AGM-Preis, immergrün, flach wachsend mit bogenförmigen Trieben, ideal für Uferbepflanzung, 20 cm × 1,2 m; *C. dammeri*: AGM-Preis, immergrün, niederliegend, Stängel bewurzeln im Boden, dunkelgrünes bis rotes Blattwerk, 5 – 20 cm × 1,2 – 2 m; *C. horizontalis* (Fächer-Zwergmispel): AGM-Preis, Laub abwerfende, sich ausbreitende Zweige in Fächerform, Herbstfärbung, 30 × 60 cm, später 60 – 90 cm × 1,5 – 2 m; *C. microphyllus*: AGM-Preis, immergrün, flach wachsender Horst, große, rote Früchte, 30 cm × 1 m, später 75 cm × 1 m. Bei unter diesem Namen angebotenen Pflanzen kann es sich auch um *C. integrifolius* handeln, mit tiefrosafarbigen Früchten und einer Größe von 1 m × 1,5 m; *C. nanshan* (syn. *C. adpressus* var. *'praecox'*): Laub abwerfender Zwergstrauch mit bogenförmigen Zweigen, schöne Herbstfärbung, rosarote bis weiße Blüten, große, orangerote Früchte, 1 × 2 m; *C. salicifolius* 'Parkteppich': immergrüne Pflanze mit Kletterhabitus, 'Pendulus' (syn. *C.* 'Hybridus Pendulus'): wird oft aufgepfropft als Trauerform angeboten, natürlicher Habitus ist jedoch Bodendecker bei einer Größe von 60 cm × 2 m, 'Repens': niederliegende Form; *C.* x *suecicus* 'Coral Beauty': immergrüne Pflanze mit bogenförmigen Zweigen, korallenrote Früchte, 25 – 60 cm × 1,2 m.

## Cytisus Ginster

*„Ich schätze, dass es an den extrem kleinen Blätter liegt, warum Ginsterbüsche als gute Unkrautunterdrücker theoretisch eher nicht in Frage kommen. Aber wie auch bei vielen anderen kleinblättrigen Gehölzen sind die Blätter dieser Pflanze so zahlreich und ihre Stängel so eng beieinander liegend, dass sie diese Funktion mit großer Wirksamkeit und Eleganz erfüllen kann.“*

■ **PFLEGE** Wenn Standort- und Bodenbedingungen stimmen, ist keine spezielle Pflege erforderlich. Da es sich jedoch um kurzlebige Sträucher handelt, sollte man sie durch ein paar Stecklinge vermehren, um mit der so geschaffenen Reserve die alten Pflanzen zu ersetzen.

■ **VERMEHRUNG** Durch halb reife Stecklinge im Spätsommer, wobei die neu gewachsenen Spitzen abgekniffen werden sollten, wenn die Jungpflanzen 25 cm groß sind, um eine buschige Wuchsform zu erreichen. Bestimmte Arten können aber auch durch Aussaat im Herbst gezogen werden.

■ **SCHNITT** Am besten nicht beschneiden. Kann aber nach der Blüte leicht zurückgestutzt werden, wobei darauf zu achten ist, dass der Schnitt nicht in das alte Holz geht.

■ **PROBLEME** Keine.

■ **MERKMALE** Laub abwerfende Pflanzen. Die Blätter sind klein und unscheinbar. Das Hauptmerkmal sind jedoch die kleinen, erbsenähnlichen Blüten.

---

**GRÖSSE** Flach wachsende Arten erreichen in der Regel 20 – 60 cm × 1 – 1,5 m nach 5 Jahren. Kurzlebig, werden nach ca. 10 Jahren besig.

**STANDORT UND BODEN** Volle Sonne erforderlich. Gut durchlüfteter Boden (ideal für sandige Böden), obgleich die meisten normalen Gartenböden ausreichend sind. Sehr fruchtbare Böden sind jedoch zu meiden.

**Unkrautunterdrückungsklasse 2 – 3.**

**WINTERHÄRTE** Mäßig hart bis hart, verträgt −15 °C.

---

**Empfohlene Arten**

*Cytisus ardoinoi*: AGM-Preis, hügelförmiger Strauch, leuchtend gelbe Blüten, 10 – 20 × 30 – 60 cm; *C. x beanii*: AGM-Preis, goldgelbe Blüten, 30 × 60 cm, später 60 cm × 1 m; *C. decumbens* (syn. *Genista decumbens*): niederliegende Wuchsform mit drahtigen, verzweigten Stängeln, strahlend gelbe Blüten, 10 – 30 cm × 1 m; *C. x kewensis*: AGM-Preis, niederliegender Habitus mit bogenförmigen Stängeln, blassgelbe bis cremefarbige Blüten, 30 cm × 1,5 m; *C. scoparius* Unterart *maritimus*: flach wachsende Form des Gemeinen Ginsters, große, gelbe Blüten, ideal für Küstengärten mit mildem Klima, 20 cm × 1,5 m.

---

## Daboecia

*„Schon mehr als einmal habe ich Daboecia als „vergessenes“ Heidekraut bezeichnet. Von dem Trio mit Calluna und Erica ist sie sicher am wenigsten bekannt, obwohl sie besser als fast alle anderen blüht.“*

■ **PFLEGE** In der ersten Vegetationsperiode tief pflanzen und gründlich bewässern.

■ **VERMEHRUNG** Durch Stecklinge von den Sprossspitzen im Sommer oder durch Ableger wie andere Heidekräuter.

■ **SCHNITT** Jährlich beschneiden, indem im Frühjahr bis zum Fuß der verwelkten Blüten zurückgeschnitten wird.

■ **PROBLEME** Ungeeigneter Boden und Wurzelfäule sind die Hauptprobleme.

■ **MERKMALE** Immergrünes Blattwerk mit glänzenden, dunkelgrünen, unterseitig weißen Blättern. Kleine, herabhängende, purpurrosafarbige oder weiße Blüten erscheinen im Frühsommer und noch einmal im Herbst.

*Cytisus x kewensis*

*Daboecia cantabrica 'Atropurpurea'*

**GRÖSSE** 40×70 cm nach 5 Jahren.
Die Pflanzen sind kurzlebig und sollten
nach 5 bis 7 Jahren ersetzt werden.
**STANDORT UND BODEN** Saurer
oder neutraler, humusreicher Boden,
der feucht, aber gut durchlüftet ist. Gedeiht im Freien in der Sonne oder in
leichtem Schatten, für Froststellen jedoch nicht geeignet. Sollte zwischen
Zwergkoniferen oder Sträucher, die
sauren Boden lieben, gepflanzt werden.
**Unkrautunterdrückungsklasse
4–5.**
**WINTERHÄRTE** *Daboecia cantabrica*
ist hart und verträgt −15 bis −20°C.
Andere Arten vertragen nicht so viel.

**Empfohlene Arten**
*Daboecia cantabrica* (Irische Heide,
Schottische Glockenheide): harte
Spezies, lavendelfarbige Blüten, sowie
weitere Formen mit vielfältigen Namen
und verschiedenfarbigen Blüten:
weiß (Form *alba*, 'David Moss': AGM-
Preis, 'Snowdrift'), rosig bis purpur-
farbig ('Atropurpurea', 'Hookstone
Purple', 'Porter's Variety', 'Waley's
Red'), weiß, rosa und rot ('Bicolor':
AGM-Preis).

## Dryas Silberwurz

*„Mir fallen drei Gartenpflanzengattungen
(Banksia, Dryandra und Hydrangea) mit
einer Art namens quercifolia ein. Dies
bedeutet eichenblättrig. Es ist mir schon
lange ein Rätsel, warum Dryas nicht
dazu gehört, denn nur wenige Pflanzen
haben Blätter, die mehr dem Eichenlaub
ähneln. Andererseits gibt es aber kaum
welche, die in ihrer Wuchsform der Eiche
unähnlicher sind als diese hübsche, obwohl ziemlich holzige Alpenpflanze mit
ihrem extrem flach wachsenden, sich an
den Boden schmiegenden Habitus."*

■ **PFLEGE** Leicht zu kultivieren. Wenn
der Boden jedoch zu schwer ist, sollte man
vor dem Pflanzen Kies untergraben, um die
Durchlässigkeit zu verbessern.
■ **VERMEHRUNG** Durch halb reife
Sprosstecklinge im Sommer oder Aussaat
reifer Samen im Spätsommer oder Herbst.
Bewurzelte Stängel im Frühjahr abschnei-
den und umpflanzen.
■ **SCHNITT** Nicht erforderlich.
■ **PROBLEME** Keine.

■ **MERKMALE** Niederliegende, immergrüne Pflanze mit einem Polster eichen-
laubförmiger Blätter. Große, weiße Blüten
erscheinen vom späten Frühjahr bis zum
Frühsommer, gefolgt von schmuckvollen
Samenköpfen.

**GRÖSSE** 10–20×60–90 cm nach
5 Jahren.
**STANDORT UND BODEN** Volle
Sonne und gut durchlüfteter Boden
erforderlich. Ideal als Bodendecker für
einen großen, sonnigen Steingarten
oder am Vorderrand einer Einfassung.
**Unkrautunterdrückungsklasse 4.**
**WINTERHÄRTE** Sehr hart, verträgt
−20°C.

**Empfohlene Arten**
Es gibt nur einige wenige Arten, von
denen die folgende am besten für Bodendeckung geeignet ist. *Dryas octopetala*: AGM-Preis, glänzend grüne Blätter
mit gezackten Rändern, weiße Blüten,
die in der Mitte gelb sind, flaumige
Samenköpfe im Herbst, 20×60 cm.

*Dryas octopetala*

## Empetrum

*„Wenn die Bärentraube (siehe S. 16) früher einmal von Bären gegessen wurde, dann werden die Früchte der an ähnlichen Stellen wachsenden Krähenbeere (Empetrum nigrum) wahrscheinlich von den Krähen verspeist. Diese sehr auffälligen Beeren sind glänzend schwarz und sitzen wie polierte Kohlestücke auf dem Blattpolster. Vielleicht bedeutet der Name auch einfach nur, dass sie die gleiche Farbe wie Krähen haben."*

■ **PFLEGE** Nur in geringem Maße erforderlich. Ein leichte Rosendüngergabe im Frühjahr fördert jedoch die Blüten- und Fruchtbildung.

■ **VERMEHRUNG** Durch Weichholzstecklinge im Sommer oder Hartholzstecklinge im Herbst. Kann auch durch Aussaat im Herbst gezogen werden.

■ **SCHNITT** Nicht erforderlich.

■ **PROBLEME** Keine.

■ **MERKMALE** Polster bildende, immergrüne Pflanze mit unscheinbaren Blüten, aber auffälligen, glänzend schwarzen Früchten.

---

**GRÖSSE** 25 – 30 × 25 – 30 cm.
**STANDORT UND BODEN**
Wächst natürlich an hoch gelegenen, exponierten Standorten und ist dadurch ideal für windige Stellen geeignet. Feuchter, saurer oder neutraler Boden erforderlich. Ungeeignet für alkalische Standorte.
**Unkrautunterdrückungsklasse 3.**
**WINTERHÄRTE** Sehr hart, verträgt –20 °C.

---

**Empfohlene Arten**
*Empetrum nigrum* (Krähenbeere): sich weit ausbreitender, dichter Teppich, unscheinbare, purpurrote Blüten, glänzend schwarze Früchte.

*Empetrum nigrum*

## Ephedra

*„Sicher gibt es nicht allzu viele Gärtner, die* Ephedra *wegen ihrer großen Schönheit schätzen. Aber die Pflanze hat auch Fans, zu denen ich mich selbst zähle und für die jedoch eher das etwas merkwürdige Aussehen als der ästhetische Reiz eine Rolle spielt. Pflanzen Sie sie an, und ich garantiere Ihnen, dass der erste Besucher in Ihrem Garten nach ihrem Namen fragt."*

■ **PFLEGE** Im Frühjahr Volldünger verabreichen.

■ **VERMEHRUNG** Durch Aussaat winterharter Spezies in einem Frühbeet im Herbst. Durch Teilung im Frühjahr oder Herbst.

■ **SCHNITT** Nicht erforderlich.

■ **PROBLEME** Keine.

■ **MERKMALE** Immergrüne Gehölze mit einem seltsamen und interessanten Aussehen, da sie ein Bindeglied zwischen blühenden Sträuchern und Koniferen darstellen und auf den ersten Blick eher wie *Equisetum* aussehen. Schlanke, schilfähnliche, grüne Stängel mit kleinen, schuppenartigen Blättern. Die auffälligen, roten Früchte an den weiblichen Exemplaren machen die Pflanze zusätzlich attraktiv.

---

**GRÖSSE** Sonderbarerweise unterschiedlich. Pflanzen bilden herunterhängende Zweige oder erreichen 1 – 2 × 1 m, breiten sich jedoch immer ziemlich weit aus.
**STANDORT UND BODEN** Volle Sonne und leichter, gut durchlüfteter Boden.
**Unkrautunterdrückungsklasse 1 – 2.**
**WINTERHÄRTE** Die hier empfohlenen Formen sind mäßig hart bis hart und vertragen mindestens –10 °C.

*Ephedra distachya*

**Empfohlene Arten**
**Empfohlene Arten**
*Ephedra americana* var. *andina*: zumeist herunterhängender Strauch, leuchtend grüne, sich ausbreitende Triebe, rote Früchte; *E. distachya*: Zwergstrauch, rote Früchte.

## *Erica* Heide

*„Nachdem ich* Calluna *(siehe S. 18) auf einen der ersten Plätze bezüglich der Flächendeckung gesetzt habe, muss nun die mit ihr verwandte* Erica *gleich dahinter erscheinen. Für mich ist diese Gattung sogar noch weitaus attraktiver, denn ihre Blüten sind um vieles größer. Außerdem besitzt sie den besonderen Vorteil, dass bestimmte Spezies auch alkalische Böden vertragen.“*

■ **PFLEGE** Mulchen mit einem sauren Material, wie z. B. Fichtennadeln. Die meisten Arten kann man mit einem Voll- oder Rosendünger im Frühjahr düngen.

■ **VERMEHRUNG** Durch halb reife

Sprosstecklinge im Frühsommer. In angehäufeltem Boden inmitten eines alten Horstes bilden sich viele neue Triebe, die dann wieder als Stecklinge verwendet wer-

**GRÖSSE** Die meisten erreichen ihre volle Größe bei 30 – 50 × 50 – 75 cm innerhalb von 3 Jahren.
**STANDORT UND BODEN** Volle Sonne bis Halbschatten. Durchlässige, saure Erde für die meisten Arten. Auf alkalischen Böden *E. carnea* und *E. x darleyensis* verwenden oder sauren Boden liebende Arten in Container mit kalkfreiem Kompost pflanzen. Ideal für frei liegende Standorte.
**Unkrautunterdrückungsklasse 5.**
**WINTERHÄRTE** Die hier empfohlenen Arten sind hart und vertragen – 15 bis –20 °C.

**Arten von *Erica* x *darleyensis***

den können. Kann auch durch Ableger vermehrt werden.

■ **SCHNITT** Regelmäßiger Rückschnitt ist von Vorteil, da die Pflanzen sonst ungepflegt aussehen. Der Schnitt ist mit einer Handschere nach der Blüte oder im zeitigen Frühjahr durchzuführen.

■ **PROBLEME** Keine.

■ **MERKMALE** Immergrüne Pflanzen mit schmalen, nadelähnlichen Blättern in bunten, grünen oder gelben Farbnuancen, viele mit Wintertönungen. Kleine Blüten (aber größer als die der *Calluna*), zumeist Schattierungen von Rot, Purpur, Weiß und Rosa.

**Empfohlene Arten**
Nachfolgend wird nur auf die verschiedenen Farben der Blüten und Blätter hingewiesen. Andererseits gibt es jedoch so viele Arten und das Angebot ändert sich so schnell, dass es am besten ist, sich direkt im Gartencenter oder in der Baumschule zu entscheiden. *Erica carnea* (syn. *E. herbacea*): Diese Arten sind winterblühende Heiden, die Kalk vertragen. Das Blattwerk ist oft orangegelb mit roten Schattierungen im Winter oder Frühjahr. Einige Arten haben aber leuchtend grüne oder tiefgrüne bis bronzefarbige Blätter. Die Blütenfarbe geht von Tiefrot über verschiedene Rosatöne bis hin zu Weiß. *E. x darleyensis*: Diese Arten blühen zwischen Winter und Frühjahr und besitzen eine mäßige Kalkverträglichkeit. Das Blattwerk ist zumeist grün, oft mit creme- oder rosafarbigen Spitzen im Frühjahr. Auch Arten mit gelbem bis orangefarbigem Laub werden angeboten. Die Blüten haben normalerweise verschiedene Rosaschattierungen. *E. vagans*: Diese Arten erfordern sauren Boden. Die Blätter sind zumeist grün, und die vom Sommer bis Herbst erscheinenden Blüten sind weiß oder rosafarbig.

# STRÄUCHER

## Euonymus

*„Auf den ersten Blick scheint es, als ob* Euonymus *eine zu offene und aufrechte Wuchsform für einen guten Bodendecker hätte. Während dies vielleicht auf einige Arten zutrifft, erzeugt* E. fortunei *solch eine dichte Fülle ineinander verschlungener Stängel, dass diese Art in der Praxis sehr effektiv ist. Außerdem besitzt sie eine der attraktivsten Blätterfärbungen."*

■ **PFLEGE** Keine spezielle Pflege erforderlich. Volldüngergabe im Frühjahr ist jedoch von Vorteil.

■ **VERMEHRUNG** Durch Weichholzstecklinge im Frühsommer.

■ **SCHNITT** Verwachsene Triebe und zu dicht stehende Zweige im Frühjahr entfernen. Bei buntblättrigen Formen einfarbig grüne Zweige herausschneiden.

■ **PROBLEME** Keine.

■ **MERKMALE** Die beste Art für Bodendeckung ist *E. fortunei* mit ihren einzelnen Abarten. Dies sind farbenfrohe, kriechende, immergrüne Pflanzen mit einer sehr auffälligen weißen und goldfarbigen Buntblättrigkeit. Die erwachsenen Pflanzen tragen im Frühsommer unscheinbare Blüten, auf die dann rosafarbige Früchte mit orangefarbi-

gen Samen folgen. In kälterem Klima erscheinen diese aber nur nach einem heißen Sommer.

---

**Empfohlene Arten**
*Euonymus fortunei:* kleine, ovale, glänzende Blätter, 'Emerald Gaiety': AGM-Preis, rundliche, graugrüne Blätter mit weißen Rändern, Rosatönung im Winter, 1 × 1,5 m, 'Emerald 'n' Gold': AGM-Preis, graugrüne Blätter mit goldfarbigen Rändern, Rosatönung im Winter, 'Silver Queen': AGM-Preis, junge Pflanzen mit cremegelben Blättern, Rosatönung im Winter, 'Sunspot' (syn. 'Gold Spot'): tiefgrünes Blattwerk mit gelben Flecken, rötliche Färbung im Winter, gelbe Stängel.

---

## Gaultheria

*„Die Tatsache, dass es von* Gaultheria *eine Spezies gibt, die Rebhuhnbeere heißt, weist darauf hin, dass diese Pflanzen ein gutes Versteck für Tiere bilden. Und eine Pflanze, die dicht genug wächst, damit sich darunter eine Schar Rebhühner verstecken kann, ist sicher auch in der Lage, andere Dinge zu überdecken. Schade nur, dass sie nicht attraktiver aussieht."*

■ **PFLEGE** Durch Mulchen im Frühjahr mit saurem Material, wie z. B. Koniferennadeln, damit die Wurzeln im Sommer nicht austrocknen.

■ **VERMEHRUNG** Durch halb reife Sprossstecklinge im Herbst. Falls die Pflanzenart Sprösslinge treibt, können diese im Herbst zur Neupflanzung entfernt werden.

■ **SCHNITT** Nicht erforderlich.

■ **PROBLEME** Keine. Allerdings sollten unliebsame Saugschädlinge ausgegraben oder herausgezogen werden.

■ **MERKMALE** Kleine, lederartige, dunkelgrüne Blätter und glockenförmige, weiße Blüten, die zumeist vom späten Frühjahr bis zum frühen Sommer getragen werden. Das attraktivste Merkmal sind die sehr auffälligen und hervorstechenden rosafarbigen, roten, blauen, purpurfarbigen oder weißen, runden Früchte, die im Herbst erscheinen und den ganzen Winter über getragen werden.

---

**GRÖSSE** Bodendeckende Formen erreichen ca. 1 × 1,5 m nach 5 Jahren. *G. procumbens* hat jedoch eine kriechende Wuchsform.
**STANDORT UND BODEN** Sonne oder Halbschatten. Saurer Boden, der im Sommer feucht gehalten und im Winter gut durchlüftet werden muss.
**Unkrautunterdrückungsklasse 2 – 3.**
**WINTERHÄRTE** Mäßig winterhart, verträgt – 10 bis – 15 °C.

---

*Gaultheria* x *wisleyensis* '**Wisley Pearl**'

---

**GRÖSSE** Als Bodendecker erreicht *E. fortunei* 50 – 60 cm × 2 m nach 5 Jahren, danach breitet sich die Pflanze langsam weiter bis auf 3 m aus. Viele der genannten Abarten sind aber kleiner.
**STANDORT UND BODEN** Volle Sonne bis Halbschatten oder mäßiger Schatten. Alle Gartenböden, auch alkalische.
**Unkrautunterdrückungsklasse 4.**
**WINTERHÄRTE** Hart, verträgt – 15 bis – 20 °C.

## *Genista* Ginster

*„Mit dem Namen Ginster oder Stech-
ginster wird für eine Reihe verschiedener, jedoch miteinander verwandter
Pflanzen aus der Familie der Schmet-
terlingsblütler bezeichnet. Wenn Sie
flach wachsende Pflanzen mit leuchtend
gelben Blüten suchen, finden sie mit
Sicherheit das Richtige innerhalb
dieser Gattungen, wobei die beste von
allen wohl die hier beschriebene
ist.“*

■ **PFLEGE** Keine spezielle Pflege erforderlich, allerdings ist Voll- oder Rosendünger im Frühjahr vorteilhaft.
■ **VERMEHRUNG** Durch halb reife
Sprossstecklinge im Spätsommer. Aussaat
der Arten im Herbst.
■ **SCHNITT** Nach der Blüte leicht zu-
rück- oder ausschneiden. Aber nicht das
alte Holz verletzen, da dadurch Stiellähme
begünstigt wird. *G. lydia* sollte nicht beschnitten werden.
■ **PROBLEME** Keine.
■ **MERKMALE** Laub abwerfende Sträucher mit einer Fülle kleiner, erbsenähn-

licher, gelber Blüten vom späten Frühjahr
bis zum Frühsommer. Die zumeist grünen
oder graugrünen Blätter sind klein und
werden durch das Blütenmeer verdeckt.

**GRÖSSE** Die hier empfohlenen
Formen erreichen nach 5 Jahren
10 – 30 × 30 – 60 cm, einige nach 10
Jahren sogar 1 m.
**STANDORT UND BODEN** Volle
Sonne erforderlich, jeder gut durchlüf-
tete Boden ist jedoch geeignet.
**Unkrautunterdrückungsklasse 3.**
**WINTERHÄRTE** Mäßig winterhart,
verträgt – 10 bis – 15 °C.

*Genista pilosa* 'Goldilocks'

# STRÄUCHER

## Halimium

*„Jede Pflanze, deren Name mit 'Hali-' beginnt, stammt mit großer Wahrscheinlichkeit von der Küste, denn das Wort steht im Griechischen für 'Meeres-' (daher kommt auch der Begriff „halophyte" für Salz liebende Pflanzen). Halimium ist sehr eng mit Helianthemum und Cistus verwandt und eine weitverbreitete Gattung an der Mittelmeerküste. Sie brauchen der Pflanze in Ihrem Garten kein Salz zu geben, aber eine leichter Boden und ein sonniger Standort wären nicht übel."*

■ **PFLEGE** In kälteren Gegenden über Winter schützen und nicht an Froststellen oder anderen kalten Standorten pflanzen.

■ **VERMEHRUNG** Durch halb reife Sprossstecklinge im Sommer.

■ **SCHNITT** Zur Förderung der Blüte sind die Triebe im Spätsommer um zwei Drittel zurückzuschneiden. Dabei darf das alte Holz nicht verletzt werden.

**Halimium lasianthum**

■ **PROBLEME** Keine, wenn die Wachstumsbedingungen in Ordnung sind.

■ **MERKMALE** Immergrüne Pflanze mit schmalen, graugrünen Blättern. Trägt schüsselförmige, gelbe oder weiße Blüten vom Früh- bis zum Hochsommer.

**GRÖSSE** Bis zu 1×1,5 m nach 5 Jahren.
**STANDORT UND BODEN** Sonnige, geschützte Stelle und gut durchlüfteter, sandiger Boden. Idealer Bodendecker für Küstengärten in mildem Klima.
**Unkrautunterdrückungsklasse 2.**
**WINTERHÄRTE** Kaum bis bedingt hart, verträgt −5°C.

**Empfohlene Arten**
*Halimium lasianthum* (syn. *H. formosum*, *Cistus formusus*, *C. lasianthus*): AGM-Preis, sich ausbreitender Busch, goldfarbige Blüten mit blutroten Flecken.

## Hebe

*„Die Hebe-Arten stammen größtenteils aus Neuseeland, wo es auch in bestimmten Gegenden kalt und unwirtlich sein kann. Trotzdem kommen die meisten von dort kommenden Pflanzen mit dem europäischen Winter nur schwer zurecht. Hebe bildet dabei keine Ausnahme, und so wertvoll einige ihrer Arten auch sein mögen, sollte man bei der Auswahl sehr sorgfältig vorgehen, wenn die Pflanze langfristig überleben soll."*

■ **PFLEGE** Keine spezielle Pflege erforderlich. Einige Formen sollten jedoch regelmäßig aus Stecklingen erneuert werden.

■ **VERMEHRUNG** Durch halb reife Stecklinge im Spätsommer.

■ **SCHNITT** Nicht notwendig, kann jedoch nach der Blüte leicht gestutzt werden.

■ **PROBLEME** Blattfleckenkrankheit und damit verbundene Stängellähme sowie Falscher Mehltau unter feuchten Bedingungen.

■ **MERKMALE** Immergrüne Pflanzen in vielen Größen, Blattfarben und Wuchsstrukturen. Einige tragen im Winter attraktive Blüten.

**GRÖSSE** Sehr unterschiedlich (siehe Empfohlene Arten). Volle Größe wird zumeist nach 5 Jahren erreicht.
**STANDORT UND BODEN** Volle Sonne erforderlich. Die meisten Böden sind jedoch geeignet, unter der Voraussetzung, dass im Winter keine Staunässe auftritt. Ideal für Küstengegenden oder andere windige, aber milde Standorte.
**Unkrautunterdrückungsklasse 4.**
**WINTERHÄRTE** Sehr unterschiedlich, weshalb sorgfältig ausgewählt werden sollte. Die meisten der hier empfohlenen Formen sind mäßig winterhart und vertragen −10 bis −15°C.

**Hebe pinguifolia**

## *Hedera*  Efeu

„Ob man die Pflanze nun liebt oder hasst (für einige Gärtner gilt beides), an Efeu kommt man einfach nicht vorbei. Wenn Sie etwas suchen, was den Boden bedeckt und so ziemlich alles andere unterdrückt, dann ist Efeu genau das Richtige. In einem waldigen Teil meines Gartens habe ich die Erfahrung gemacht, dass Efeu zu den wenigen Pflanzen gehört, die sich sogar gegen blaue Glockenblumen durchsetzen können."

■ **PFLEGE** Mit einer Mulchschicht aus verrottetem Laub oder Gartenkompost sowie einer Volldüngergabe im Frühjahr kann man in den ersten zwei bis drei Jahren das Wachstum unterstützen.
■ **VERMEHRUNG** Die natürliche Be-wurzelung der Ableger kann durch Herunterdrücken noch gefördert werden, obwohl dies nicht unbedingt notwendig ist. Vermehrung erfolgt durch halb reife Setzlinge junger Triebe im Spätsommer.
■ **SCHNITT** Nicht erforderlich. Falls doch, im Frühjahr zurückschneiden. Einfarbig grüne Triebe an buntblättrigen Formen sollten herausgeschnitten werden.
■ **PROBLEME** Keine schwerwiegenden Probleme. Ab und zu treten Blattflecken-krankheit, Blattläuse, Spinnmilben und Schildläuse auf.

■ **MERKMALE** Immergrüne Pflanzen mit einer großen Vielfalt an Blattformen, Farben und Wuchsstrukturen. Auch unterschiedlicher Habitus, und es gibt Efeuarten für die meisten Standorte.

*Hedera helix* 'Silver Queen'

# STRÄUCHER

## Helianthemum
## Sonnenröschen

*„Die drei eng miteinander verwandten und hauptsächlich am Mittelmeer beheimateten Gattungen* Helianthemum, Cistus *und* Halimium *werden alle in diesem Buch vorgestellt, obwohl sie nicht für jeden Garten geeignet sind, da sie leichten Boden und Sonne brauchen.* Helianthemum *ist wahrscheinlich die robusteste von ihnen. Wenn die Standortbedingungen stimmen, gibt es nur wenige flach wachsende Pflanzen, die attraktivere Blüten haben und dazu dienen, uns an sonnigere Klimazonen zu erinnern."*

■ **PFLEGE** Bei Pflanzung in schwerem Boden ist etwas harter Kies mit unterzugraben, um die Bodendurchlüftung zu verbessern. Vor kaltem Wind schützen.
■ **VERMEHRUNG** Durch halb reife Sprossstecklinge im Sommer. Auch durch Aussaat im Herbst können bestimmte Arten gezogen werden.

■ **SCHNITT** Nach der Blüte leicht zurückschneiden, um eine ordentliche, kompakte Wuchsform zu erhalten.
■ **PROBLEME** Keine.
■ **MERKMALE** Flach wachsende, sich ausbreitende, immergrüne Pflanzen mit kleinen, oft graugrünen Blättern. Attraktiv vor allem durch die Folge schalenförmiger Sommerblüten in einem Spektrum leuchtender Farben.

**GRÖSSE** Die meisten Arten erreichen 20×30 cm, einige kräftigere auch 30×45 cm. Kurzlebige Gehölze, die ihre endgültige Größe nach 5 Jahren erreichen.
**STANDORT UND BODEN** Volle Sonne und Schutz vor kaltem Wind erforderlich. Gedeiht auf jedem gut durchlüfteten Boden, besonders gut auf alkalischen Böden und an anderen nährstoffarmen, trockenen Stellen.
**Unkrautunterdrückungsklasse 3–4.**
**WINTERHÄRTE** Mäßig hart, verträgt −10 bis −15°C.

### Empfohlene Arten

*Helianthemum nummularium* (Gemeines Sonnenröschen): verschiedenartige Pflanze mit gelben, rosafarbigen oder weißen Blüten, 50×60 cm. Die folgenden Hybriden werden am häufigsten angeboten; 'Amy Baring': AGM-Preis, tiefgelbe Blüten mit orangefarbener Mitte; 'Ben Ledi': dunkelgrünes Blattwerk, leuchtend dunkelrosarote Blüten; 'Boughton Double Primrose': dunkelgrüne Blätter, gefüllte, blassgelbe bis gelbe Blüten; 'Cerise Queen': dunkelgrüne Blätter, gefüllte, kirschrote bis rosafarbige Blüten; 'Fire Dragon' (Syn. 'Mrs Clay'): AGM-Preis, orangerote Blüten; 'Georgeham': rosafarbige und gelbe Blüten; 'Henfield Brilliant': AGM-Preis, orangerote Blüten;

'Jubilee': AGM-Preis, grünes Blattwerk, herunterhängende, blassgelbe bis gelbe gefüllte Blüten; 'Mrs C.W. Earle': AGM-Preis, dunkelgrünes Blattwerk, gefüllte, scharlachrote Blüten; 'Praecox': silbergraues Blattwerk, zitronengelbe Blüten, frühe Blüte; 'Raspberry Ripple': dunkelgrünes Blattwerk, weiße Blüten mit dunkelrosafarbigen Markierungen; 'Rhodanthe Carneum' (syn. 'Wisley Pink'): AGM-Preis, kräftige Wuchsform, silbergraues Blattwerk, blassrosafarbige Blüten; 'Rose of Leeswood': grüne Blätter, gefüllte, rosarote Blüten; 'The Bride': AGM-Preis, silbergraue Blätter, cremeweiße Blüten; 'Wisley Primrose': AGM-Preis, kräftige Wuchsform, blassgelbe bis gelbe Blüten.

*Helianthemum 'Henfield Brilliant'*

## Hypericum
## Johanniskraut

*„Eine Spezies von* Hypericum *war als bodendeckende Pflanze so erfolgreich, dass ihr Name jetzt fast zu einem Synonym für das gesamte Konzept und dessen Bekanntheit geworden ist. Wenn Sie etwas suchen, das undurchdringlich und fast unausrottbar ist, dann ist diese Pflanze genau das Richtige. Anderenfalls sollten Sie sich woanders umschauen."*

■ **PFLEGE** Die bodendeckenden Formen brauchen keine spezielle Pflege, da sie, wie viele andere Gehölze, von selbst gedeihen.
■ **VERMEHRUNG** *Hypericum calycinum* treibt Sprösslinge, die man von der Mutterpflanze zur Neupflanzung entfernen kann. Die Pflanze kann aber auch im Herbst oder Frühjahr geteilt werden. Bei allen anderen Formen erfolgt die Vermehrung durch halb reife Setzlinge im Sommer.
■ **SCHNITT** *H. calycinum* kann mit der

Schere zurückgeschnitten werden, oder man verwendet einen Rasentrimmer, um im zeitigen Frühjahr die im vorangegangenen Jahr gewachsenen Triebe auf Bodenhöhe zurückzustutzen. H. x moserianum ist im Frühjahr zu beschneiden, indem man alte, schwache oder dünne Triebe entfernt und dann die anderen Stängel bis zur Gabelung mit starken Trieben einkürzt.

> **GRÖSSE** Bodendeckende Formen erreichen 30 × 75 cm nach 5 Jahren. *H. calycinum* breitet sich bis auf 2 m aus.
> **STANDORT UND BODEN** Volle Sonne oder Halbschatten und jeder Gartenboden. *H. calycinum* verträgt tiefen Schatten und extreme Böden, wie z. B. sehr trockene, saure oder alkalische. Bei unsachgemäßer Pflanzung wird die Art jedoch zu einem Unkraut.
> **Unkrautunterdrückungsklasse 5.**
> **WINTERHÄRTE** Die hier empfohlenen Formen sind hart und vertragen −15 bis −20 °C.

*Hypericum calycinum*

■ **PROBLEME** Rost bei *H. calycinum*.
■ **MERKMALE** Graugrünes bis dunkelgrünes Blattwerk. Einige Arten sind nur in milden Gegenden immergrün. Die gelben, tassen- oder schüsselförmigen Blüten haben vorstehende Staubgefäße.

> **Empfohlene Arten**
> *Hypericum calycinum* (Rose von Sharon): immergrüne Pflanze mit dunkelgrünen Blättern, gelbe Blüten vom Früh- bis Hochsommer, eine äußerst robuste Pflanze, wächst sogar an trockenen und schattigen Standorten, große Ausbreitung durch Kriechausläufer; *H. x moserianum*: AGM-Preis, rundlicher, halb immergrüner Strauch mit dunkelgrünen Blättern, goldgelbe Blüten mit roten Staubbeuteln vom Hochsommer bis zum Herbst.

## *Leptospermum* Steinsame

„Leptospermum *gehört auch zu diesen schwierigen australischen Gattungen, die einfach nicht genügend winterhart sind, um auch in einem kühleren Gartenklima verlässlich zu gedeihen. Die Art, die ich hier ausgewählt habe, hat sich an einer relativ geschützten Stelle meines eigenen Gartens jedoch als zuverlässig erwiesen, und ich hoffe, dass Sie auch Ihren Garten damit schmücken können.“*

■ **PFLEGE** Im Frühjahr mit saurem Material, wie z. B. Koniferennadeln, mulchen, um zu verhindern, dass der Boden austrocknet.
■ **VERMEHRUNG** Durch Aussaat der Spezies im Herbst oder halb reife Stecklinge im Sommer.
■ **SCHNITT** Nicht erforderlich.
■ **PROBLEME** Keine.
■ **MERKMALE** Aromatische Blätter,

deren Farbe je nach Art von silber- bis dunkelgrün variiert. Trägt eine Fülle kleiner, zumeist weißer, rosafarbiger oder roter Blüten vom späten Frühjahr bis zum Frühsommer, gefolgt von holzigen Samenkapseln.

> **GRÖSSE** Die flach wachsende *L. rupestre* erreicht 30 × 80 cm nach 5 Jahren und schließlich 1 × 1,5 m. Andere Arten wachsen jedoch aufrechter.
> **STANDORT UND BODEN** Warmer, sonniger Standort und saurer bis neutraler Boden erforderlich. Verträgt auch alkalische und trockene Böden. Am besten für milde Gegenden geeignet.
> **Unkrautunterdrückungsklasse 2–3.**
> **WINTERHÄRTE** Die meisten Arten sind kaum bis bedingt winterhart und vertragen −5 °C. *L. rupestre* ist jedoch mäßig winterhart und verträgt −10 bis −15 °C.

> **Empfohlene Arten**
> *L. rupestre* (syn. *L. humifusum, L. prostratum*): AGM-Preis, dunkelgrünes Blattwerk, kleine, weiße Blüten, die winterhärteste Spezies.

*Leptospermum rupestre*

# STRÄUCHER

## Leucothoe

*„Diese Pflanze hat mir viele Sorgen bereitet. Als ich sie vor vielen Jahren auf die Empfehlung eines Bekannten hin gepflanzt habe, wusste ich noch nicht genug über ihre Standortansprüche und hatte mich auch nicht darüber informiert. Mir war zwar klar, dass die Pflanze sauren Boden braucht, aber es war mir entgangen, dass auch Feuchtigkeit für sie unverzichtbar ist. Gehen Sie nicht auch so uninformiert vor."*

■ **PFLEGE** Im Frühjahr mit saurem Material, wie z. B. Fichtennadeln, mulchen und Volldünger verabreichen.
■ **VERMEHRUNG** Durch Ableger oder Weichholzstecklinge im Frühsommer.
■ **SCHNITT** Nicht erforderlich. Um die Qualität der Blätter zu verbessern, kann man jedoch ein Drittel der Triebe jedes Jahr bis auf Bodenhöhe zurückschneiden.
■ **PROBLEME** Keine.
■ **MERKMALE** Laub abwerfende oder immergrüne Gehölze mit schmalen, lederartigen Blättern, die zumeist hellgrün sind. Im Winter können sich rote oder purpurfarbige Tönungen entwickeln. Im späten Frühjahr oder Frühsommer hängen von den Stängeln kleine, weiße Blüten herunter.

*Leucothoe walteri* 'Rainbow'

**GRÖSSE** Unterschiedlich. *L. walteri* erreicht jedoch 60 × 60 cm nach 5 Jahren und schließlich 2 × 3 m.
**STANDORT UND BODEN** Gedeiht besser in leichtem oder mäßigem Schatten, als in voller Sonne. Saurer, feuchter Boden mit viel Humus.
**Unkrautunterdrückungsklasse 2 – 3.**
**WINTERHÄRTE** Hart, verträgt –15 °C.

### Empfohlene Arten
*L. walteri* (syn. *L. fontanesiana*): AGM-Preis, immergrün, zierliche, bogenförmige Stängel. Lederartiges, grünes Blattwerk mit Rottönung im Herbst und Winter. Weiße Blüten im späten Frühjahr. 'Rainbow': buntes Blattwerk mit unregelmäßigen, rosafarbigen Markierungen, die im Laufe der Zeit cremeweiß werden. Beste Blattfarbe an leicht schattigen Standorten.

## Lithodora

*„Von Lithodora gibt es eine Spezies namens 'Heavenly Blue', und in diesem Namen werden die Eigenschaften dieser Pflanze wunderbar zusammengefaßt. Denn obwohl es auch Formen mit anderen Farben gibt, ist dieser herrliche blaue Teppich, den diese Pflanzen schaffen, für mich das hervorstechendste Merkmal."*

■ **PFLEGE** Im ersten Winter nach der Pflanzung schützen. Wenn die Pflanze kräftig genug ist, in Ruhe lassen.
■ **VERMEHRUNG** Durch halb reife Stecklinge im Sommer, die im Winter frostfrei gehalten werden müssen.
■ **SCHNITT** Nicht erforderlich.
■ **PROBLEME** Keine.
■ **MERKMALE** Flach wachsende, immergrüne Pflanzen mit kleinen, schmalen Blättern, die oft struppige Polster bilden. Das Hauptmerkmal ist die Fülle attraktiver Blüten den ganzen Sommer hindurch.

**GRÖSSE** 30 × 50 cm im ausgereiften Zustand nach 5 Jahren.
**STANDORT UND BODEN** Sonniger, geschützter Standort. Alle Formen gedeihen am besten auf gut durchlüftetem Boden, die Alkalitätsverträglichkeit ist jedoch unterschiedlich.
**Unkrautunterdrückungsklasse 2.**
**WINTERHÄRTE** Mäßig hart, verträgt –10 bis –15 °C.

### Empfohlene Arten
*Lithodora diffusa* (syn. *Lithospermum diffusum, L. prostratum*): leuchtend blaue Blüten im späten Frühjahr bis zum Frühsommer. Liebt feuchten, aber gut durchlüfteten Boden. 'Alba': weiße Blüten. 'Heavenly Blue': AGM-Preis, kriechende Wuchsform, azurblaue Blüten.

*Lithodora diffusa* 'Heavenly Blue'

## Lonicera
### Geißblatt

*„Ich versuche schon jahrelang, andere Leute davon zu überzeugen, dass es unter den Geißblattarten auch Sträucher gibt und dass die bekannte Heckenpflanze mit den zierlichen Blättern, die jeder kennt, aber von der niemand weiß, wie sie heißt, auch dazugehört. Die Pflanze ist ganz anders als die vertrauteren kletternden Geißblattarten. Aber für die Bodendeckung eignet sie sich genauso gut wie die anderen Arten für den Bewuchs eines senkrechten Gerüsts."*

■ **PFLEGE** Im Frühjahr Voll- oder Rosendünger verabreichen.
■ **VERMEHRUNG** Bei *Lonicera pileata* durch halb reife Sprossstecklinge im Sommer, die dann im Frühbeet gezogen werden.
■ **SCHNITT** Bei vielen strauchigen Geiß-

*Lonicera pileata*

blattformen wirkt sich ein Schnitt günstig auf die Blütenbildung aus. *L. pileata* sollte jedoch nicht beschnitten werden.
■ **PROBLEME** Keine.
■ **MERKMALE** Verschiedene Gattungen Laub abwerfender und immergrüner Sträucher und Kletterpflanzen. Einige tragen attraktive, manchmal stark duftende Blüten, auf welche dann die normalen schwarzen Früchte folgen. Die bodendeckende Form ist immergrün oder halb immergrün und wird wegen ihrer Blätter und attraktiven Zweige kultiviert.

**GRÖSSE** *L. pileata* erreicht 1×1,5 m nach 5 Jahren und schließlich eine Höhe von 1,5 m.
**STANDORT UND BODEN** Verträgt Halbschatten. Gedeiht in den meisten Gartenböden.
**Unkrautunterdrückungsklasse 3 – 4.**
**WINTERHÄRTE** Unterschiedlich. *L. pileata* jedoch ist hart und verträgt ca. –15°C.

**Empfohlene Arten**
*Lonicera pileata*: immergrün bis halb immergrün, Zwergstrauch mit horizontalen Zweigen, dunkelgrüne, glänzende Blätter, gelblich weiße Blüten im späten Frühjahr, durchscheinende violette Früchte.

## Mahonia

*„Die Mahonien haben gelbe Blüten wie so viele andere Sträucher, die früh im Jahr blühen. Sie besitzen auch große, immergrüne Blätter. Diese beiden Eigenschaften werden weit und breit geschätzt. Weniger bekannt ist jedoch, dass man mit diesen Pflanzen auch eine dichte und sehr wirksame Bodendeckung erreichen kann, wenn man sie en masse pflanzt."*

■ **PFLEGE** Im Frühjahr mulchen und Rosendünger verabreichen.
■ **VERMEHRUNG** Ausläufer bildende Formen lassen sich am leichtesten vermehren, indem man die Ausläufer entfernt und neu einpflanzt. Ansonsten durch halb reife Sprossstecklinge im Spätsommer oder Hartholzstecklinge im Winter.
■ **SCHNITT** Nicht erforderlich. Unerwünschte Ausläufer sollten jedoch herausgezogen werden.
■ **PROBLEME** Keine.
■ **MERKMALE** Immergrüne Sträucher verschiedener Größe mit dunkelgrünen, dornigen Blättern und gelben Blüten im Winter oder zeitigen Frühjahr. Die Blüten der meisten Formen haben einen herrlichen Duft, und auf sie folgen kleine, traubenähnliche, blaue oder schwarze Früchte.

**GRÖSSE** Bodendeckende Formen erreichen 40 cm × 1 m bei voller Reife nach 5 Jahren.
**STANDORT UND BODEN** Da sie aus Nord- und Südamerika stammen, gedeihen die bodendeckenden Formen besser auf trockeneren Böden und an sonnigeren Standorten als viele andere Mahonien. *M. nervosa* verträgt keine alkalischen Böden.
**Unkrautunterdrückungsklasse 2.**
**WINTERHÄRTE** Hart, verträgt ca. –15°C.

**Empfohlene Arten**
*Mahonia aquifolium*: dornige, stechpalmenartige Blätter, stark Ausläufer bildende Wuchsform, leuchtend gelbe Blüten in relativ kleinen Köpfen im Frühjahr, 'Apollo': größere, bessere Blüten; *M. nervosa*: große, lederartige Blätter mit Rottönung im Winter, trägt im späten Frühjahr eine Fülle kleiner, gelber Blüten, bläulich schwarze Früchte; *M. repens*: mittelgroße Blätter, gelbe Frühlingsblüten an der Spitze der vorjährigen Triebe, schwarze Früchte, Ausläufer bildender Habitus.

# STRÄUCHER

## Muehlenbeckia

*„Immergrüne Pflanzen mit zierlichen Blättern haben ihren ganz eigenen Reiz, und dieser relativ kräftige, drahtige Strauch gehört zu den bezauberndsten. Dank seiner dichten Wuchsform kann man ihn auch als ziemlich ungewöhnliche Formschnittpflanze nutzen, und die gleiche Eigenschaft macht ihn auch zu einem guten Bodendecker. Bei der Pflanzung sollte man jedoch beachten, dass die Pflanze aus relativ milden Gegenden der südlichen Hemisphäre stammt.“*

■ **PFLEGE** Erfordert Schutz vor kaltem Wind und sollte im ersten Winter nach der Pflanzung geschützt werden.
■ **VERMEHRUNG** Im Herbst durch Aussaat reifer Samen in Wärme. Durch Ableger oder halb reife Sprosstecklinge im Sommer, die in einer warmen Anzuchtschale gezogen werden.
■ **SCHNITT** Nicht erforderlich. Kann jedoch im Frühjahr zurückgeschnitten werden, um die Ausbreitung zu beschränken. Auch leichtes Ausschneiden ist möglich (kann für Formschnitt verwendet werden).
■ **PROBLEME** Keine.
■ **MERKMALE** Immergrüne und Laub abwerfende, verzweigte Sträucher oder Kletterpflanzen. Duftende, grüngelbe Blütentrauben im Sommer, gefolgt von weißen Früchten. Einige Pflanzen tragen nur eingeschlechtliche Blüten, andere zweigeschlechtliche.

> **GRÖSSE** Unterschiedlich (siehe Empfohlene Arten).
> **STANDORT UND BODEN** Sonniger oder etwas schattiger Standort, sowie feuchter, aber gut durchlüfteter Boden. Für Schutz vor kaltem, trockenem Wind sorgen.
> **Unkrautunterdrückungsklasse 3 – 4.**
> **WINTERHÄRTE** Unterschiedlich. *M. complexa* ist jedoch mäßig hart bis hart und verträgt an einem windgeschützten Standort mindestens –15 °C.

> **Empfohlene Arten**
> *Muehlenbeckia complexa*: Laub abwerfend, in milden Gegenden jedoch mehr oder weniger immergrün, unterschiedliche Wuchsformen: einige Pflanzen sind dichte Büsche mit lederartigen Blättern, während andere klettern und lange Triebe mit weicheren Blättern besitzen. Strauchformen erreichen ca. 1 × 1,5 m nach 5 Jahren und schließlich 2 × 2 m, kletternde Arten 6 × 6 m.

*Muehlenbeckia complexa*

## Pachysandra

*„Ähnlich wie* Leucothoe *(siehe S. 34) hat mich* Pachysandra *auch zunächst enttäuscht. Ich wusste zwar, dass die Pflanze Schatten verträgt, aber mir war nicht bekannt, dass sie in nährstoffreichem, feuchtem Boden stets besser gedeiht. Die Stellen in meinem Garten, wo ich sie anpflanzen könnte, sind jedoch immer noch zu trocken. Aber ich kenne andere Gärten, wo die Pflanze sich voll entfaltet.“*

■ **PFLEGE** Im Frühjahr Volldünger verabreichen. Mulchen bis die Pflanze gut angewachsen ist.
■ **VERMEHRUNG** Durch Teilung im zeitigen Frühjahr oder Frühherbst.
■ **SCHNITT** Nicht erforderlich.
■ **PROBLEME** Keine.

> **GRÖSSE** 20 × 30 – 45 cm bei voller Reife nach 5 Jahren.
> **STANDORT UND BODEN** Verträgt mäßigen bis tiefen Schatten. Wächst in den meisten Böden und verträgt trockene Standorte. Gedeiht jedoch immer am besten auf tiefen, feuchten Böden. Flache, alkalische Böden sind zu meiden.
> **Unkrautunterdrückungsklasse 4.**
> **WINTERHÄRTE** Sehr hart, verträgt mindestens –20 °C.

> **Empfohlene Arten**
> *Pachysandra terminalis*: AGM-Preis, kriechende, anwurzelnde Stängel, weiße Blüten im zeitigen Frühjahr, manchmal von weißen Früchten gefolgt, 'Green Carpet': kompakter als die anderen Pflanzen dieser Art, 10 × 20 cm, 'Variegata': AGM-Preis, wächst langsamer und blüht selten, besitzt aber attraktive, grüne Blätter mit cremefarbigen Rändern.

■ **MERKMALE** Immergrüne Unter-
gehölze mit dunkelgrünen, gezähnten Blättern. Tragen im Frühjahr oder Sommer
kleine, weiße Blüten.

*Pachysandra terminalis*

## Photinia

*„Photinia ist als Gattung ein Muss für
jeden Garten mit saurem Boden und
gehört zu den unerlässlichen Bestand-
teilen einer Straucheinfassung. Weitaus
weniger berücksichtigt und verwendet
wird die Pflanze jedoch als Bodendecker. Dennoch ist sie leicht zu kultivieren, anspruchslos und ziemlich hübsch –
und mehr kann man sich doch wohl
nicht wünschen."*

■ **PFLEGE** Im Frühjahr mulchen und
Volldünger verabreichen.
■ **VERMEHRUNG** Durch halb reife
Setzlinge im Sommer.
■ **SCHNITT** Nicht erforderlich bei

bodendeckenden Formen. (Andere Photinia-Arten können beschnitten werden, um
die dekorative Wirkung des Blattwerks im
Frühjahr zu verstärken.)
■ **PROBLEME** Feuerbrand, obwohl selten so schwerwiegend wie bei verwandten
Sträuchern.

> **GRÖSSE** Die meisten Formen er-
> reichen 1,5 × 2 m nach 5 Jahren und
> schließlich eine Höhe von 4–6 m. Die
> hier empfohlene bodendeckende Art ist
> jedoch niederliegend und erreicht nicht
> mehr als 2 m nach vielen Jahren.
> **STANDORT UND BODEN** Ge-
> deiht in leichtem Schatten und auf den
> meisten guten Gartenböden, am besten
> jedoch an humusreichen, feuchten Stellen.
> **Unkrautunterdrückungsklasse 2.**
> **WINTERHÄRTE** Mäßig hart, verträgt
> –10 bis –15°C.

■ **MERKMALE** Laub abwerfende und immergrüne Sträucher, zumeist aufrecht und
buschig wachsend. Jedoch gibt es auch flach
wachsende Formen, die als Bodendecker
geeignet sind. Die immergrünen Formen
sind am farbenreichsten im Frühling, wenn
die leuchtend roten, jungen Triebe zum
Vorschein kommen. Blüten und Früchte
äußerst selten, mit Ausnahme von *P. davidiana*. Laub abwerfende Photinia-Arten
tragen weiße Blütentrauben im Frühjahr
und leuchtend rote Früchte.

> **Empfohlene Arten**
> *Photinia davidiana* 'Prostrata' (syn.
> *Stranvaesia davidiana* 'Prostrata'): im-
> mergrün oder halb immergrün mit
> älteren Blättern, die sich im Herbst rot
> färben, weißen Blüten im Hochsom-
> mer, leuchtend roten Fruchttrauben.

*Photinia davidiana* 'Prostrata'

# STRÄUCHER

## *Potentilla* Fingerstrauch

„*Immer wenn ich gefragt werde, welcher Strauch am längsten blüht, nenne ich zuerst* Fuchsia, *aber dahinter kommt gleich* Potentilla. *Dies ist wirklich eine äußerst anpassungsfähige, pflegeleichte und vielseitig einsetzbare Pflanze, die auch leicht kultivierbar ist und heutzutage in vielen Farben (mehr oder weniger attraktiv) und Wuchsformen angeboten wird. Die hoch wachsenden Arten können als imposante Begrenzungspflanzen verwendet werden, während die flach wachsenden Formen einen Teppich zu ihren Füßen bilden.*"

■ **PFLEGE** Im Frühjahr mulchen und Rosendünger verabreichen.
■ **VERMEHRUNG** Durch halb reife Sprosssetzlinge im Sommer, möglichst mit einer 'Ferse' vom alten Holz.
■ **SCHNITT** Nicht erforderlich. Jedoch können alte, verästelte Triebe nach der Blüte entfernt und der restliche Strauch leicht zurückgeschnitten werden. Im Frühjahr junge, kräftige Triebe um die Hälfte kürzen, um eine kompaktere Wuchsstruktur zu erreichen.
■ **PROBLEME** Keine.
■ **MERKMALE** Gattung mit ein- und mehrjährigen Pflanzen sowie einem Strauch (*P. fruticosa*, Fingerstrauch). Attraktive, Laub abwerfende Pflanze mit kleinen, grünen bzw. graugrünen Blättern und einem kompakten Habitus. Hauptmerkmal sind die gelben, orangefarbigen, roten, rosafarbigen oder weißen Blüten, wobei ich die roten Blüten sehr enttäuschend finde. Die Blüten erscheinen hauptsächlich im Sommer aber auch zwischenzeitlich vom späten Frühjahr bis zum Herbst.

**GRÖSSE** *P. fructicosa* erreicht 30–50 ×45 cm nach 5 Jahren, ihre zahlreichen Kulturarten variieren von 75 cm×1 m bei flach wachsenden Formen bis zu 1,5×1,5 m bei größeren Arten.
**STANDORT UND BODEN** Gedeiht am besten an einer sonnigen Stelle, kann aber auch versuchsweise an einem halbschattigen Ort gepflanzt werden, denn bestimmte Blütenfarben (insbesondere rot) verbleichen leicht in der hellen Sonne. Alle gut durchlüfteten, fruchtbaren Böden.
**Unkrautunterdrückungsklasse 2–3.**
**WINTERHÄRTE** Hart, verträgt –15 bis –20°C.

**Empfohlene Arten**
*Potentilla fruticosa* 'Abbotswood': AGM-Preis, flach wachsend und sich ausbreitend, weiße Blüten, lange Blütezeit, 'Beesii' (syn. 'Argentea Nana'): AGM-Preis, zwergwüchsig, silberfarbiges Blattwerk, leuchtend gelbe Blüten, 'Elizabeth' (syn. *P. arbuscula*): AGM-Preis, runder Busch, 1×1,2 m, viele gelbe Blüten, 'Manchu' (syn. 'Mandshurica'): flach wachsend und sich ausbreitend, graugrüne Blätter, spärliche, weiße Blüten, aber lange Blütezeit, 'Tangerine': AGM-Preis, flach wachsend und sich ausbreitend, helle, kupfergelbe Blüten, gedeiht am besten im Halbschatten, 'Tilford Cream': AGM-Preis, zwergwüchsig, großes, grünes Blattwerk, cremeweiße Blüten.

*Potentilla fruticosa* 'Manchu'

## *Prunus* Kirschlorbeer

„*Kirschlorbeer gehört zu den Blattpflanzen, deren schlechter Ruf darauf zurückzuführen ist, dass viele Gärtner die Pflanze mit dem Sträuchergarten der Vergangenheit, der zu dem schwermütigen Grün eines viktorianischen Pfarrhauses gehörte, assoziieren. Natürlich kann man es mit Grünpflanzen übertreiben, aber wenn man diese* Prunus-*Gattung mit farbenfrohen Nachbarnpflanzen mischt, kann sie eine sehr wertvolle Rolle in einem modernen Garten spielen.*"

■ **PFLEGE** Im Frühjahr mulchen und Volldünger verabreichen.
■ **VERMEHRUNG** Durch halb reife Sprosssetzlinge im Spätsommer oder Hartholzsetzlinge im Winter.
■ **SCHNITT** Nicht erforderlich. Kann aber im Hochsommer und noch einmal im Frühherbst ausgeschnitten werden. Dazu sollte möglichst eine Baumschere mit kurzen Klingen benutzt werden, da man mit einer Schere in die großen Blätter schneidet, die dann vergilben.
■ **PROBLEME** Keine. Diese Art ist un-

*Prunus laurocerasus* 'Zabeliana'

empfindlich gegenüber den vielen Problemen, wie z. B. Silberblatt, Holzbrand und Blattläuse, die bei vielen anderen Prunus-Arten auftreten.

■ **MERKMALE** Die hier empfohlenen Formen sind alle flach wachsende, sich ausbreitende, immergrüne Arten mit ovalen oder schmalen Blättern. Auf kleine, weiße Blütentrauben im Frühjahr folgen schwarze Früchte im Frühsommer.

**GRÖSSE** Bodendeckende Formen erreichen 1×1,5 m nach 5 Jahren und breiten sich schließlich auf 1,5–2,5 m aus.
**STANDORT UND BODEN** Volle Sonne bis tiefer Schatten, verträgt von überhängenden Bäumen herabtropfendes Wasser und Honigtau. Gedeiht auf den meisten Gartenböden, außer auf dünnen und alkalischen.
**Unkrautunterdrückungsklasse 5.**
**WINTERHÄRTE** Sehr hart, verträgt –20°C.

**Empfohlene Arten**
*Prunus laurocerasus* 'Otto Luyken': AGM-Preis, kompakt, Ausbreitung 1 m, später 1,5 m, ovale, glänzend grüne Blätter, 'Zabeliana': horizontale Zweige mit 1,5 m, später Ausbreitung bis auf 2,5 m, weidenähnliche Blätter.

## *Pyracantha* Feuerdorn

*„An anderer Stelle habe ich bereits unterstrichen, dass eine gute 'vertikale' Pflanze auch eine gute 'horizontale' sein kann. Pyracantha ist ein Beispiel dafür. Man denkt fast immer nur an diese Pflanze als Mauerstrauch, aber sie ist genauso wertvoll, wenn sie sich nach allen Seiten ausbreitet und eine dornige, bodendeckende Sperre gegen alle Eindringlinge bildet."*

*Pyracantha* 'Soleil d'Or'

■ **PFLEGE** Im Frühjahr mulchen und Rosendünger verabreichen.
■ **VERMEHRUNG** Durch halb reife Setzlinge im Sommer.
■ **SCHNITT** Bei Anbau als Bodendecker nicht erforderlich.

**GRÖSSE** *P.* 'Alexander Pendula': 50 cm×1,5 m nach 5 Jahren, Endgröße 60 cm, *P.* 'Soleil d'Or': 1×1 m nach 5 Jahren, breitet sich schließlich bis auf 1,5 m aus. Es gibt viele andere, im Allgemeinen aufrecht wachsende Arten, die aber als Bodendecker ungeeignet sind.
**STANDORT UND BODEN** Sonne oder Schatten, besonders geeignet für exponierte oder verschmutzte Standorte. Wächst auf den meisten Gartenböden, außer auf dünnen und alkalischen.
**Unkrautunterdrückungsklasse 1–2.**
**WINTERHÄRTE** Sehr hart, verträgt –20°C.

■ **PROBLEME** Blattläuse, Feuerbrand, Schorf (führt zu Missbildungen an den Früchten), Vögel fressen gern die Früchte.
■ **MERKMALE** Immergrüne Pflanzen mit dornigen Zweigen und kleinen, gezähnten Blättern, die manchmal bunt sind. Weiße, weißdornähnliche Blüten erscheinen im Frühsommer. Das dekorative Hauptmerkmal sind die roten, orangefarbigen oder gelben Früchte, die lange getragen werden. Werden oft als Mauersträucher angebaut. Die wenigen, sich etwas ausbreitenden Arten schaffen eine robuste und wirksame Bodendeckung.

**Empfohlene Arten**
'Alexander Pendula': dichter Hügel mit trauerförmigen Zweigen, spärliche Früchte, die zunächst gelb sind und dann rot werden; 'Soleil d'Or' (syn. 'Golden Sun', 'Yellow Sun'): tiefgoldgelbe Früchte, rote Stängel, sich etwas ausbreitende Wuchsform.

## *Rosa* Bodendeckende Rosen

*„Schon seit langer Zeit steht zweifelsfrei fest, dass bodendeckende Rosen existieren, und in den Baumschulen werden sie seit Jahren verkauft. Fest steht auch, dass viele Strauchrosen einen sich ausbreitenden, kaskadenförmigen Habitus besitzen und so eine erhebliche Bodenfläche bedecken können, selbst wenn dies aus einiger Höhe geschieht. Kürzlich gab es jedoch so etwas wie eine kleine Explosion innerhalb der angebotenen speziellen Bodendeckerarten unter den Rosen, und ich sehe dem weiterhin mit gemischten Gefühlen zu. Einige dieser Pflanzen haben attraktive Blüten, wieder andere sehen aber einfach schrecklich aus. Keine dieser Formen erfüllt aber so richtig das gewünschte Kriterium der Unkrautunterdrückung. Man sollte sie deshalb wegen ihres Aussehens pflanzen und nicht wegen ihrer Funktion.“*

*Rosa* 'Max Graf'

■ **PFLEGE** Vor der Pflanzung ist der Boden gründlich vorzubereiten, indem gut verrottete, organische Substanz untergegraben wird und alle mehrjährigen Unkräuter entfernt werden. Im Frühjahr ist Rosendünger zu verabreichen, worauf eine dicke Mulchschicht (10 – 15 cm) kommt. Nachdem die ersten Blüten im Frühsommer verwelkt sind, ist erneut zu düngen. Geeignetenfalls sind verwelkte Blüten abzuschneiden.

■ **VERMEHRUNG** Durch Hartholzstecklinge im Herbst. Schlingrosen mit flexiblen Stängeln können auch durch Ableger vermehrt werden.

■ **SCHNITT** Nur in geringem Maße erforderlich. Alte oder kranke Stängel sind jedoch herauszuschneiden. Kletterrosen mit langen, flexiblen Stängeln können durch leichtes Beschneiden nach der Blüte in ihrem Wachstum beschränkt werden. Unerwünschte bewurzelte Ableger sind herauszuziehen.

**GRÖSSE** Die meisten Arten erreichen 60 cm – 1 m × 1,2 – 2 m bei voller Reife nach 5 Jahren. Die Ausbreitung ist jedoch unterschiedlich.

**STANDORT UND BODEN** Volle Sonne gewährleistet die beste Blütenproduktion. Sehr leichter Schatten kann jedoch bei einigen Arten das Verwelken verhindern. Vorzugsweise geschützter Standort, da hier die Blüten durch Wind und Regen weniger beschädigt werden. Nährstoffreicher Ton- oder Lehmboden ist ideal. Jedoch sind die meisten Gartenböden geeignet, wenn jedes Jahr viel organische Substanz eingebracht wird. Dünne, alkalische Böden bringen selten gute Ergebnisse. Neue Rosen gehen oft ein, wenn sie an Stellen gepflanzt werden, an denen zuvor schon Rosen gestanden haben. Deshalb sollte man für die Pflanzung einen neuen Standort wählen oder den Boden an jeder Pflanzstelle erneuern. **Unkrautunterdrückungsklasse 1 – 2. WINTERHÄRTE** Sehr hart, vertragen mindestens –20 °C.

## Empfohlene Arten

Synonyme werden hier nicht angegeben, da einige Arten davon sehr viele haben, die selten benutzt werden. Die aufgeführten Namen werden wohl von den meisten Baumschulen und Gartencentern verwendet. 'Avon': blaßrosafarbige Knospen, aus denen halb gefüllte, perlweiße Blüten entspringen, ununterbrochene Blüte; 'Ferdy': gefüllte, leuchtend rosafarbige Blüten, ununterbrochene Blüte; 'Macrantha Raubritter': halb gefüllte, silbrig rosafarbige Blüten, leichter Duft; 'Max Graf': rosarote Blüten mit goldfarbiger Mitte, leichter Duft; *Rosa nitida*: zwergwüchsige, Ableger bildende Spezies, rosarote Blüten, scharlachrote Früchte, Blätter mit Herbstfärbung; 'Norfolk': gefüllte, gelbe Blüten, wiederholte Blüte; 'Nozomi': AGM-Preis, silbrig rosafarbige Blüten, die in Weiß übergehen; 'Paulii': weiße Blüten mit gelben Staubgefäßen, sehr dornig, kräftige, 3 – 4 m lange Stängel; 'Pink Bells': gefüllte, leuchtend rosafarbige Blüten, verträgt leichten Schatten; 'Pink Flower Carpet': AGM-Preis, gefüllte, leuchtend rosafarbige Blüte, ununterbrochene Blüte, lange belaubt, eine der in den letzten Jahren meistverkauften und aggressiv vermarkteten Rosen, jedoch entsetzliche Farbe; *R. x polliniana*: rosarote Knospen, aus denen rötliche Blüten mit gelben Staubbeuteln entspringen, schlingförmige Wuchsform mit Ausbreitung bis zu 3 m; 'Red Blanket': AGM-Preis, halb gefüllte, rosarote Blüten, die am Fuß der Blütenblätter in Weiß übergehen; 'Rosy Cushion': AGM-Preis, halb gefüllte, rosafarbige Blüten mit weißer Mitte, duftet etwas, verträgt leichten Schatten; 'Snow Carpet': AGM-Preis, niederliegende Wuchsform, gefüllte, weiße Blüten, duftet etwas, wiederholte Blüte, nur 15 × 45 cm; 'Suffolk': scharlachrote Blüten mit goldfarbigen Staubbeuteln, wiederholte Blüte, orangerote Triebe, nur 45 cm × 1 m, verträgt leichten Schatten; 'Sunshine': halb gefüllte, gelbe Blüten, sich ausbreitender Habitus, ununterbrochene Blüte. Das letzte Angebot der Baumschulen, mit dem eine der vulgärsten Pflanzen der letzten Jahre auf den Markt gekommen ist, war 'Pink Flower Carpet'. 'Surrey': gefüllte, gelbbraune bis aprikosenfarbige Blüten, wiederholte Blüte; 'Swany': AGM-Preis, gefüllte, weiße Blüten, ununterbrochene Blüte, sich ausbreitende Triebe; 'White Flower Carpet': weiße Version von 'Pink Flower Carpet'; *R. wichurana*: Mutterpflanze vieler Schlingrosen, halb immergrün, duftende, weiße Blüten mit gelben Staubbeuteln im Spätsommer, zierliche, rote Früchte, kriechende Stängel, die anwurzelnd wachsen, 2 × 6 m.

*Rosa* 'Nozomi'

■ **PROBLEME** Blattläuse. Die meisten Rosen sind gegenüber drei Krankheiten mehr oder minder anfällig: Echter Mehltau, Schwarzfleckenkrankheit und Rost. Einige Arten sind jedoch ziemlich resistent.

■ **MERKMALE** Laub abwerfende, dornige Gehölze mit verschiedenen Wuchsformen, auch sich ausbreitende, bodendeckende Arten. Schöne Blüten, die einmalig im Frühsommer oder wiederholt bzw. ununterbrochen vom Sommer bis zum Herbst erscheinen.

*Rosa* 'Pink Flower Carpet'

# STRÄUCHER

## Rhododendron

*„Als Bodendecker sieht man Rhododendron zumeist auf großen Flächen in der Landschaft, und es gibt viele Leute, die die Pflanzen lieber von dort entfernt haben möchten. Ich kann nicht bestreiten, dass* Rhododrendron ponticum *an einigen Stellen wirklich zu einem holzigen Unkraut geworden ist. Andererseits unterstreicht dies aber die Tatsache, dass kleinere Arten mit zumeist großen, immergrünen, bis zum Erdboden reichenden Blättern durchaus in der Lage sind, auch kleine Flächen zu überdecken."*

■ **PFLEGE** So pflanzen, dass nur ca. 3 cm des Wurzelballens mit Erde bedeckt sind. Mit einem sauren Material, wie z. B. Koniferennadeln, mulchen und im Frühjahr Rosendünger verabreichen. Verwelkte Blütenköpfe mit Finger und Daumen abziehen, wenn die Pflanze eine ausreichende Größe erreicht hat. Man sollte jedoch darauf achten, nicht die Knospen zu entfernen, aus denen sich die Blüten im nächsten Jahr entwickeln.

■ **VERMEHRUNG** Schwierig aus Hartholzstecklingen, die vom Spätherbst bis zum Winter entnommen werden. Viele Formen lassen sich aber durch Ableger vermehren.

■ **SCHNITT** Nicht erforderlich.

■ **PROBLEME** Blattfleckenkrankheit, Echter Mehltau, Knospensterben, Rüsselkäfer.

■ **MERKMALE** Meistens immergrün mit mittleren bis großen, glänzend grünen Blättern, einige mit einer filzartigen Schicht (Indumentum genannt) auf der Blattunterseite. Einige wenige Arten sind halb immergrün oder Laub abwerfend. Unter letzteren befinden sich Azaleen mit schöner Herbstfärbung. Herrliche, große Blütentrauben in verschiedenen Größen und Farben von rot, rosa und lila bis orange, gelb und weiß erscheinen im Frühjahr.

*Rhododendron yakushimanum*

---

**GRÖSSE** Sehr unterschiedlich. Jedoch erreichen flach wachsende Arten und winterharte Hybriden, die sehr gute Bodendecker sind, eine Endgröße von 1–3 m × 1–2 m, obgleich sie langsam wachsen.

**STANDORT UND BODEN** Vorzugsweise leichter bis mäßiger Schatten, um Frost- oder Windschäden an Blüten und jungen Blättern zu vermeiden. Einige Formen, insbesondere Azaleen, vertragen aber auch Sonne. Saurer, humusreicher Boden, der feucht, aber nicht staunass ist. Vertragen keine alkalischen Böden oder Trockenheit.

**Unkrautunterdrückungsklasse 4.**

**WINTERHÄRTE** Bedingt bis sehr winterhart. Die meisten Arten sind mäßig hart und vertragen –10 bis –15 °C.

---

**Empfohlene Arten**

Es gibt zahlreiche Arten, von denen die meisten eine gute, flächige Bodendeckung bilden, wenn sie gruppenweise gepflanzt werden. Für kleinere Bereiche sind die folgenden Arten und ihre vielen Hybriden besonders geeignet. *Rhododendron yakushimanum* (syn. *R. degronianum* subsp. *yakushimanum*): schmale, dunkelgrüne Blätter mit rotbraunem Indumentum, rosarote Knospen, aus denen rosafarbige Blüten entspringen, die weiß ausbleichen, sehr winterhart, für Sonne oder Schatten geeignet, kleine, kuppelförmige Art mit einer Größe bis zu 1 × 1,2 m. Immergrüne Azaleen (Japanische Azaleen): können wärmere und trockenere Standorte vertragen als Zwergrhododendren, in kalten Gegenden in die volle Sonne pflanzen, in wärmeren Gebieten in leichten Schatten.

---

## Ribes

*„Ribes ist ein weiteres Beispiel für eine Gattung, von der man eine pauschale Vorstellung hat, ohne zu wissen, dass es auch hier eine Ausnahme mit völlig anderen Eigenschaften gibt.* Ribes laurifolium *(die lorbeerblättrige Johannisbeere) ist so weit von den verwandten blühenden und fruchtenden Johannisbeerarten entfernt, wie man es sich nur vorstellen kann. Im Rahmen dieses Buches ist dies aber sicher nicht die schlechteste Empfehlung."*

■ **PFLEGE** Im Frühjahr mulchen und Rosendünger verabreichen.

■ **VERMEHRUNG** Durch halb reife Sprossstecklinge im Herbst.

■ **PROBLEME** Keine.

■ **MERKMALE** Die meisten Arten sind Laub abwerfende, große, im Frühling blühende Sträucher. *Ribes laurifolium* ist jedoch ein immergrünes Zwerggehölz, das im Winter blüht.

---

**GRÖSSE** 50×50 cm nach 5 Jahren, Endgröße: 1×1,5 m.
**STANDORT UND BODEN** Verträgt die meisten Standorte und Böden. **Unkrautunterdrückungsklasse 4.**
**WINTERHÄRTE** Hart, verträgt −15 bis −20 °C.

---

**Empfohlene Arten**
*Ribes laurifolium*: Immergrüne Art mit lederartigen, dunkelgrünen Blättern und grüngelben Blüten vom späten Winter bis zum zeitigen Frühjahr. Weibliche Pflanzen tragen rote Früchte, die später schwarz werden.

*Ribes laurifolium*

## *Rosmarinus* Rosmarin

*„Als Abdeckung ist Rosmarin für viele Leute nur im Zusammenhang mit Lammbraten vorstellbar. Wie aber unter anderem auch bei* Buxus *(siehe S. 18), haben wir es hier mit einer Pflanze zu tun, die dicht genug wächst, um eine gute Hecke zu bilden, und es gibt bestimmte Arten, die auch gute Bodendecker sind. Dabei fällt mir ein, dass sie auch sehr hübsche Blüten trägt.“*

■ **PFLEGE** Im Frühjahr mulchen und Voll- oder Rosendünger verabreichen.
■ **VERMEHRUNG** Durch halb reife Sprossstecklinge im Sommer.
■ **SCHNITT** Alte und holzige Pflanzen sind durch Ausschneiden des ältesten Drittels der Triebe im Frühjahr zu verjüngen.
■ **PROBLEME** Keine.
■ **MERKMALE** Aromatische, immergrüne Pflanzen mit nadelähnlichem, blaugrünem Laub. Wird vor allem als Kräuterpflanze verwendet. Kleine Blütentrauben, zumeist blau oder malvenfarbig, manchmal auch rosa oder weiß, erscheinen von Mitte Frühjahr bis zum Frühsommer.

---

**GRÖSSE** Sehr unterschiedlich. Die hier empfohlenen Bodendeckerformen erreichen jedoch 15×60 cm nach 5 Jahren.
**STANDORT UND BODEN** Volle Sonne und gut durchlüfteter Boden, verträgt aber auch leichten Schatten. Staunasse und extrem saure oder alkalische Böden sind zu meiden.
**Unkrautunterdrückungsklasse 1–2.**
**WINTERHÄRTE** Die bodendeckenden Arten gehören zu den weniger winterharten Formen. Die meisten sind bedingt bis mäßig hart und vertragen −5 bis −15 °C.

---

**Empfohlene Arten**
*Rosmarinus officinalis* (Gemeiner Rosmarin): besitzt eine Reihe von Abarten, beste Bodendeckung aber durch Prostratus-Gruppe (syn. *R. corsicus* 'Prostratus', *R.* x *lavandulaceus*, *R. officinalis* var. *lavandulaceus*, *R. o.* var. *repens*, *R. repens*): AGM-Preis, niederliegend, hellblaue Blüten im Frühsommer.

*Rosmarinus officinalis* **Prostratus-Gruppe**

# STRÄUCHER

## Rubus Zierbrombeere

*„Man muss nur einmal wilde Brombeeren suchen gehen, um herauszufinden, welch ein undurchdringliches Dickicht diese Pflanzen erzeugen können. Die langen, bogenförmigen Ausläufer schlagen überall Wurzeln, und nur die mutigsten Kaninchen schaffen es, darunter hindurchzukriechen. Ihre Verwandten unter den Zierpflanzen haben keine so aggressive Wuchskraft, obgleich sie trotzdem wirksam genug sind, um an Autobahnen und auf ähnlich großen, öden Flächen eingesetzt zu werden."*

■ **PFLEGE** Im Frühjahr mulchen und Volldünger verabreichen.
■ **VERMEHRUNG** Die langen, Ausläufer bildenden Stängel bewurzeln leicht, wenn sie den Boden berühren.
■ **SCHNITT** Falls *Rubus tricolor* in einem wilderen Teil des Gartens gepflanzt wird, kann man die Pflanze unbeschnitten lassen. Ansonsten ist jedes Frühjahr bis zur Krone zurückzuschneiden, um das Wachstum neuer Blätter zu fördern. Dazu kann man einen Rasentrimmer verwenden. *R. pentalobus* erfordern keinen Schnitt.
■ **PROBLEME** Keine.
■ **MERKMALE** Immergrüne oder Laub abwerfende Sträucher oder Kletterpflanzen mit attraktiven, weißen Sommerblüten, Laub, Stängeln oder essbaren Früchten, je nach Spezies. Stängel tragen Stacheln.

**GRÖSSE** Sehr unterschiedlich. Die Alpenart *R. pentalobus* wird nach 5 Jahren nur 5 × 20 cm groß und erreicht schließlich eine Ausbreitung von 60 cm, während *R. tricolor* 60 cm × 3 m nach 5 Jahren erreicht, wobei die endgültige Ausbreitung mehr oder weniger groß ist.
**STANDORT UND BODEN** Volle Sonne bis voller Schatten. Die meisten Gartenböden sind geeignet, außer staunassen.
**Unkrautunterdrückungsklasse 4 – 5.**
**WINTERHÄRTE** Sehr hart, verträgt mindestens −20 °C. Blätter können sich jedoch in kaltem Wind braun färben.

**Empfohlene Arten**
*Rubus pentalobus* (syn. *R. calycinoides*): immergrüner, niederliegender Strauch mit einem Polster glänzend grüner, runzliger Blätter mit grauer Unterseite, weiße Blüten im Frühsommer, die aber oft durch die Blätter verdeckt werden, darauf können rote Früchte folgen; *R. tricolor*: immergrün, Teppich bildende Kriechpflanze mit langen, Ausläufer bildenden Stängeln mit roten Borsten, herzförmige, dunkelgrüne Blätter mit weißer Unterseite, weiße Blüten im Hochsommer, worauf essbare, rote Früchte folgen können.

*Rubus tricolor*

## Salix Weide

*„Jeder weiß, dass Weiden bei weitem die besten Pflanzen für Flussufer und nasse Böden sind. Jedoch gibt es nur wenige Leute, die sie auch zu den guten Bodendeckern zählen würden. Dennoch besteht eine der dichtesten, niederliegenden Bodendeckungen in meinem Garten am Rande eines Kiesbeetes aus* Salix repens. *Diese flach wachsenden, zwergwüchsigen, hauptsächlich alpinen Salix-Arten sind etwas ganz Besonderes."*

■ **PFLEGE** Keine spezielle Pflege erforderlich.
■ **VERMEHRUNG** Durch halb reife Sprossstecklinge im Sommer oder Hartholzstecklinge im Spätherbst oder Winter. Diese bewurzeln sehr schnell. Die genannten Arten müssen jedoch gepfropft werden.
■ **SCHNITT** Bei Zwergformen nicht erforderlich.
■ **PROBLEME** Blattläuse, Raupen, Käfer, Honigpilz.
■ **MERKMALE** Breite und vielfältige Gattung von Bäumen und Sträuchern, zumeist Laub abwerfend. Verschiedene interessante Merkmale, wie z. B. Knospen, Kätzchen, Winterfarbe der Stängel und Sommerlaub.

**GRÖSSE** Sehr unterschiedlich (siehe Empfohlene Arten).
**STANDORT UND BODEN** Gedeiht am besten in voller Sonne. Die meisten Böden sind geeignet, außer dünne und alkalische. Gedeiht besonders gut auf nassen, schweren Böden, wobei Alpenformen einen gut durchlässigen Boden erfordern.
**Unkrautunterdrückungsklasse 4.**
**WINTERHÄRTE** Sehr hart, verträgt −20 °C und darunter.

## Empfohlene Arten

*Salix alpina* (syn. *S.* 'Jacquinii'): flacher, sich ausbreitender Strauch, glänzende, runde Blätter. Männliche Exemplare tragen Kätzchen, die gelb werden. Weibliche Formen haben grüne Kätzchen. 25×20 cm; *S. x cottetii*: wuchskräftiger, flacher, sich ausbreitender Strauch, lange, kriechende Stängel bilden einen meterbreiten Teppich, glänzende, dunkelgrüne Blätter mit blasser Unterseite, Kätzchen im zeitigen Frühjahr vor den Blättern, 25×50 cm;

*S. x finnmarchica*: flacher, sich ausbreitender Strauch, kleine Blätter, Kätzchen im zeitigen Frühjahr vor den Blättern, 30×50 cm; *S. x grahamii*: flacher, sich ausbreitender Strauch, glänzende, grüne Blätter, trägt nach den Blättern aufrecht wachsende Kätzchen, 30×50 cm; *S. repens* (Kriechweide): Die Spezies und ihre einzelnen Arten sind sehr unterschiedlich in ihrer Größe und reichen von kriechenden Pflanzen, 10×60 cm, bis zu aufrecht wachsenden Arten, 60 cm×1,5 m. Graugrüne Blätter,

unterseitig silbrig weiß, graue, männliche Kätzchen vor den Blättern, *S. r.* var. *argentea*: AGM-Preis, halb niederliegend mit silberfarbigen Blättern, kleine, aber zahlreiche, silberfarbige Kätzchen, 'Voorthuizen': schlanke, niederliegende Stängel, kleine, silberfarbige Blätter, zierliche Kätzchen; *S. uva-ursi* (Bärentraubenweide): flacher, sich ausbreitender Strauch, kleine, glänzende, grüne Blätter, Kätzchen erscheinen mit den Blättern im Frühjahr, 30×60 cm.

## *Santolina* Heiligenblume

*„Bevor die Zwergform des Buchsbaums (siehe S. 18) für die Einfriedung streng gestalteter Gärten populär wurde, verwendete man dafür Heiligenblumen. Durch ihre kompakte, relativ dichte Wuchsform ist sie auch heute noch eine gute bodendeckende Pflanze."*

■ **PFLEGE** Keine spezielle Pflege erforderlich. Jedoch ist die geringe Winterhärte zu berücksichtigen.

■ **VERMEHRUNG** Durch halb reife Sprossstecklinge im Sommer (bewurzeln am besten mit Bodenwärme).

■ **SCHNITT** Jedes Frühjahr mindestens um die Hälfte zurückschneiden, um eine buschige, saubere Wuchsform zu bewahren. Nach der Blüte leicht einstutzen.

■ **PROBLEME** Keine.

■ **MERKMALE** Kleine, immergrüne Büsche, die wegen ihres aromatischen Blattwerks kultiviert werden. Knopfähnliche, gelbe oder weiße Blüten erscheinen im Sommer.

**GRÖSSE** Die meisten Arten, auch *S. pinnata*, erreichen 60 cm×1 m nach 5 Jahren. Nach mehreren Jahren sollten die Pflanzen ersetzt werden.

**STANDORT UND BODEN** Volle Sonne und gut durchlüfteter Boden.

**Unkrautunterdrückungsklasse 2.**

**WINTERHÄRTE** Kaum bis bedingt hart, verträgt 0 bis −10 °C.

## Empfohlene Arten

*Santolina pinnata* (syn. *S. tomentosa*): rundlicher Busch, weiche, geteilte, mittelgrüne Blätter, weiße Blüten vom Hoch- bis zum Spätsommer.

*Santolina pinnata*

*Salix repens*

# STRÄUCHER

## *Sarcococca* Fleischbeere

*„Die Fleischbeere gehört zu der Familie der Buchsbaumgewächse, die im Winter blühen. Wie viele andere Winterblüten sind auch dies kleine Einzelexemplare, die aber wunderbar duften – Winterinsekten brauchen offensichtlich einen zusätzlichen Anreiz. Warum die Pflanze hier aufgenommen wurde, liegt jedoch vor allem an ihrem dichten, immergrünen Blattwerk. Es handelt sich um eine relativ wenig verbreitete Spezies, und es lohnt sich wirklich sie zu pflanzen, aus welchen Gründen auch immer."*

■ **PFLEGE** Keine spezielle Pflege erforderlich.
■ **VERMEHRUNG** Bewurzelte Ausläufer umpflanzen oder durch Hartholzstecklinge im Herbst.
■ **SCHNITT** Nicht erforderlich.
■ **PROBLEME** Falls die Pflanze zu wuchern beginnt, sind die Ausläufer von der Mutterpflanze mit einem Spaten zu trennen und aus dem Boden zu ziehen.
■ **MERKMALE** Kleine, immergrüne Sträucher mit attraktivem Laub, Winterblüten und Früchten. Sie haben schmale, dunkelgrüne Blätter und kleine, weiße Blütentrauben mit einem berauschenden Duft.

**GRÖSSE** Die meisten Arten erreichen 60 cm – 1 m × 60 cm – 1 m nach 5 Jahren; Formen mit größerer Endhöhe erreichen 1,2 – 1,5 m. Die hier empfohlene, bodendeckende Form bleibt jedoch eher flach.
**STANDORT UND BODEN** Ideal für Schatten. Verträgt aber auch volle Sonne, wenn der Boden feucht ist. Vorzugsweise feuchter, aber gut durchlüfteter Lehmboden.
**Unkrautunterdrückungsklasse 3.**
**WINTERHÄRTE** Hart, verträgt –15 bis –20 °C.

**Empfohlene Arten**
*Sarcococca hookeriana* var. *humilis*: eine bodendeckende Form der häufiger kultivierten *S. h.* var. *digyna*, wird nicht größer als 60 × 60 cm; *S. ruscifolia*: spitze, dunkelgrüne Blätter, cremeweiße Blüten vom späten Winter bis zum zeitigen Frühjahr, rote Früchte im Sommer, 75 × 75 cm nach 5 Jahren, Endhöhe: 1,2 m.

## *Stephanandra*

*„Sie müsste ‚Stephanandra' heißen, kommt immer als Hinweis, wenn ich diese Pflanze wärmstens empfehle. Aber ich würde sie auch empfehlen, wenn sie einen anderen Namen hätte, denn sie gehört mit Sicherheit zu meinen fünf liebsten bodendeckenden Pflanzen, und unter den Laub abwerfenden Formen zu den ersten drei. Erst vor kurzem habe ich eine neue Pflanzung angelegt. Dort stehen jetzt verschiedene schmale, hoch wachsende Bäume über einem dicken Teppich dieser schönen, flach wachsenden Sträucher. In zehn Jahren wird es toll aussehen."*

■ **PFLEGE** Im Frühjahr Volldünger verabreichen.

**GRÖSSE** Die meisten Arten erreichen 1 × 2 m nach 5 Jahren und werden schließlich 1,5 – 2,5 m groß. Die hier empfohlene bodendeckende Art ist jedoch ein flach wachsendes, kuppelförmiges Polster und erreicht schließlich nur ca. 60 cm × 2 m.
**STANDORT UND BODEN** Die meisten sind geeignet.
**Unkrautunterdrückungsklasse 4.**
**WINTERHÄRTE** Sehr hart, verträgt –20 °C und darunter.

*Sarcococca hookeriana* **var. humulis**

■ **VERMEHRUNG** Durch Absenker, Entfernung der natürlich bewurzelten Ausläufer oder halb reife Sprosssstecklinge im Sommer.

■ **SCHNITT** Nicht erforderlich. Damit der Strauch nicht zu dicht wird, kann aber im Frühjahr ein Teil des ältesten Holzes herausgeschnitten werden.

■ **PROBLEME** Keine.

■ **MERKMALE** Laub abwerfende Sträucher mit einem eleganten, aber dichten Ausbreitungshabitus, attraktiv geformte, weißdornähnliche Blätter mit schöner Herbstfärbung, rotorangefarbigen Stängeln und kleinen, grünweißen Blüten im Sommer.

> **Empfohlene Arten**
> *Stephanandra incisa* 'Crispa' (syn. *S.* 'Prostrata'): hügelförmiger Habitus, kleine, weißdornartige Blätter.

*Stephanandra incisa* 'Crispa'

## *Symphoricarpos* Schneebeere

*„Die Schneebeere ist keine Pflanze mit besonderen Wintereigenschaften. Der Name kommt von den kugelförmigen Früchten, die in ihrer bekanntesten Form schneeweiß sind. Sie stehen im Vordergrund gegenüber dem ziemlich spärlichen Laubwerk. Die Vorteile für die Bodendeckung basieren jedoch auf der Masse eng beieinander liegender Zweige."*

■ **PFLEGE** Keine spezielle Pflege erforderlich. Mulchen und Rosendüngergabe im Frühjahr ist jedoch von Vorteil.

■ **VERMEHRUNG** Natürlich bewurzelte Ausläufer sind umzupflanzen.

*Symphoricarpos x chenaultii* 'Hancock'

■ **SCHNITT** Nach dem Pflanzen auf eine Höhe von 30 cm zurückschneiden, um die Bildung einer dichten Bodendeckung zu fördern. Kein weiteres Beschneiden erforderlich.

■ **PROBLEME** Keine, außer der Bildung unerwünschter Ausläufer.

■ **MERKMALE** Laub abwerfende Sträucher mit dichter, verzweigter Wuchsform und Ausläufer bildendem Habitus. Werden hauptsächlich wegen ihrer großen, kugelförmigen, rosafarbigen, weißen oder roten Früchte kultiviert, die lange getragen werden. Die Blüten sind unbedeutend, aber bei Bienen beliebt.

> **GRÖSSE** Die meisten Arten erreichen 1,2 × 1,2 m nach 5 Jahren, und schließlich eine Höhe von 1,5 – 2 m. Die hier empfohlene bodendeckende Form erreicht 60 cm × 1,5 m nach 5 Jahren, und schließlich eine Höhe von nur 1 m.
> **STANDORT UND BODEN** Gedeiht in der Sonne, ist aber besonders nützlich, da sie auch tiefen Schatten sowie fast alle Böden, auch trockene und vernachlässigte, verträgt.
> **Unkrautunterdrückungsklasse 2 – 3.**
> **WINTERHÄRTE** Sehr hart, verträgt −20°C und darunter.

> **Empfohlene Arten**
> *Symphoricarpos x chenaultii* 'Hancock': dichter, sich ausbreitender Busch, Blätter sind in der Jugend bronzefarbig, später leuchtend grün, lila bis rosafarbige Früchte im Herbst.

# STRÄUCHER

## Vaccinium

*„Denken Sie an die kilometerlang mit Blaubeerbüschen bewachsenen, wilden Hochlandmoore und Sie erkennen, wie wirkungsvoll diese ansonsten als Einzelexemplar eher unscheinbaren Pflanzen sein können. In einem kleinen Garten gehen sie jedoch verloren."*

■ **PFLEGE** Im Frühjahr mit Koniferennadeln, Sägemehl und anderen sauren Stoffen mulchen.

■ **VERMEHRUNG** Durch Weichholzstecklinge im Spätsommer, die bodenwarm eingesteckt werden sollten. Durch Aussaat im Herbst können die Spezies gezogen werden. Flach wachsende Formen lassen sich auch durch Absenker vermehren.

■ **SCHNITT** Nicht erforderlich. Um sie sauber zu halten, können die Pflanzen im Frühjahr jedoch gestutzt werden.

■ **PROBLEME** Keine. In offenen Gärten können die Pflanzen aber durch Kaninchen und andere Tiere beschädigt werden.

■ **MERKMALE** Große Gattung Laub abwerfender und immergrüner Sträucher für saure Böden. Das schönste Merkmal ist die Herbstfärbung des Laubes oder der Früchte. Einige Arten tragen auch kleine, attraktive Blüten im späten Frühjahr oder Frühsommer.

**GRÖSSE** Unterschiedlich. Die meisten Arten bleiben unter 1 m in den ersten 5 Jahren. Ausbreitung kann jedoch bis zu 1 m oder bis unendlich gehen (siehe Empfohlene Arten).
**STANDORT UND BODEN** Volle Sonne oder Halbschatten. Feuchter, saurer Boden erforderlich.
**Unkrautunterdrückungsklasse 3.**
**WINTERHÄRTE** Von kaum hart (0 bis −5 °C) bis sehr hart (mindestens −20 °C).

### Empfohlene Arten

*Vaccinium delavayi*: kompakte, immergrüne Pflanze, dunkelgrüne Blätter, weiße Blüten mit rosafarbigem Hauch, essbare, rote bis purpurfarbige Früchte, 20 × 20 cm nach 5 Jahren, Endhöhe: 1–1,5 m, winterhart, verträgt ca. −15 °C; *V. glaucoalbum*: AGM-Preis, kompakte, immergrüne Pflanze mit Ausläufer bildendem Habitus, steife, ovale, dunkelgrüne Blätter mit weißer Unterseite, weiße bis blassrosafarbige Blüten, essbare, schwarze Früchte mit blauweißem Hauch im Herbst, 1 × 1 m nach 5 Jahren, Endhöhe: 1,2 m, bedingt winterhart, verträgt ca. −10 °C; *V. moupinense*: kompakte, immergrüne Pflanze, lederartige, dunkelgrüne Blätter, tiefrotbraune Blüten, essbare purpurschwarze Früchte, 60 × 90 cm, bedingt winterhart, verträgt ca. −10 °C; *V. myrtillus* (Heidelbeere): wuchskräftiger, kriechender, Laub abwerfender Strauch, leuchtend grüne Blätter, die im Herbst oft rot werden, rosafarbige Blüten im späten Frühjahr und Frühsommer, essbare, blauschwarze Früchte, kann wuchern, 30 cm × unendlich, sehr winterhart; *V. vitis-idaea* (Kuhbeere): kriechende, immergrüne Pflanze mit unterirdischen Rhizomen, kleine, dunkelgrüne Blätter mit Rottönung, weiße bis rosafarbige Blüten, essbare, aber saure, leuchtend rote Früchte, 25 cm × unendlich, sehr winterhart.

*Vaccinium moupinense*

## Viburnum

*„Von einer der größten, umfangreichsten, obgleich relativ unscheinbaren Sträuchergattungen kann man erwarten, dass sie auch flacher wachsende Arten und Sorten besitzt. Und dies ist wirklich der Fall. Obwohl nur eine Hand voll der über 150 Arten tatsächlich flach und dicht wachsend sind, möchte ich darauf hinweisen, dass auch viele der höher wachsenden Arten sehr wirksam sein können, wenn man genügend Platz hat."*

■ **PFLEGE** Im Frühjahr mulchen und Volldünger verabreichen. Mit je fünf weiblichen Exemplaren sollte man eine männliche *Viburnum davidii* zusammenpflanzen, um eine zuverlässige Fruchtproduktion zu gewährleisten.

■ **VERMEHRUNG** Durch halb reife Sprossstecklinge im Sommer oder Herbst. Saat im Herbst ausbringen und in Frühbeet überwintern lassen.

■ **SCHNITT** Nicht erforderlich.

■ **PROBLEME** Keine.

■ **MERKMALE** Große Gattung Laub ab-werfender und immergrüner Sträucher mit großer Blatt-, Blüten- und Fruchtvielfalt. Der beste Bodendecker ist *V. davidii* – eine flach wachsende, dicht verzweigte immer-grüne Pflanze mit starken Blättern und me-tallisch blauen Früchten, zu deren Bildung männliche und weibliche Exemplare zusam-mengepflanzt werden müssen.

*Viburnum davidii*

**GRÖSSE** Sehr unterschiedlich, je-doch erreicht *V. davidii* 1 × 1 m nach 5 Jahren, Endgröße: 1,5 m × 1,5 m.
**STANDORT UND BODEN** Sonne oder mäßiger Schatten, verträgt auch windige Standorte. Alle Gartenböden, außer sehr nasse oder sehr trockene.
**Unkrautunterdrückungsklasse 4.**
**WINTERHÄRTE** Hart, verträgt –15 bis –20 °C.

**Empfohlene Arten**
*Viburnum davidii*: AGM-Preis, große, ovale, lederartige, dunkelgrüne Blätter, kleine, blassweiße Blüten im Frühsommer, türkisblaue Früchte an den weib-lichen Pflanzen (wenn eine männliche Pflanze vorhanden ist) vom Spätsom-mer bis zum Winteranfang.

## *Vinca* Immergrün

*„Die Dominanz des Immergrüns unter den bodendeckenden Pflanzen wurde in den letzten Jahren aufgrund der ver-stärkt auftretenden Gemeinen Rost-krankheit, die große Schäden an* Vinca major *anrichtet, etwas zurückgedrängt. Falls dieses Problem in ihrer Gegend vorhanden ist, sollten Sie sich auf die flacher wachsende, sich weniger aus-breitende Art* V. minor *beschränken, die jedoch viel schöner ist.“*

■ **PFLEGE** Nur so lange mulchen, bis die Pflanze gut angewachsen ist. Im Frühjahr Volldünger verabreichen.
■ **VERMEHRUNG** Natürlich bewurzelte Ausläufer abschneiden oder durch halb reife Sprossstecklinge im Frühsommer oder Hartholzstecklinge im Winter.
■ **SCHNITT** Nicht erforderlich. Um je-doch die Ausbreitung der Pflanzen einzu-grenzen, können sie im Frühjahr mit einer Schere oder einem Rasentrimmer stark zurückgeschnitten werden.
■ **PROBLEME** Rost bei *Vinca major*.
■ **MERKMALE** Immergrüne Pflanzen mit einem ziemlich kräftigen Kriechhabitus und kleinen bis mittleren, ovalen, oft attraktiv bunten Blättern, kleine, röhrenförmige, zu-meist blaue Blüten erscheinen im Frühsom-mer und dann periodisch bis zum Herbst.

**GRÖSSE** *V. major* wird 45 cm groß, *V. minor* 20 cm. Beide besitzen eine mehr oder weniger starke Ausbreitung.
**STANDORT UND BODEN** Volle Sonne bis tiefer Schatten. Etwas Sonne ist jedoch für die Blüte notwendig. Ge-deiht auf den meisten Böden, außer sehr trockenen.
**Unkrautunterdrückungsklasse 5.**
**WINTERHÄRTE** *V. major*, *V. minor* und Abarten von beiden sind sehr win-terhart und vertragen mindestens –20 °C.

*Vinca minor* 'Aureovariegata'

**Empfohlene Arten**
*Vinca major*: mittelgroß, ovales, einfach grünes Blattwerk, leuchtend blaue Blüten. 'Maculata' (syn. 'Aureomacu-lata'): dunkelgelbes bis grünes Laub mit helleren Rändern, blassblaue Blüten, 'Variegata': AGM-Preis, hellgrüne Blätter, die blassgelb eingesäumt sind, blaue bis malvenfarbige Blüten; *V. minor*: kleine, ovale, einfach grüne Blätter, blaurosa- oder purpurfarbige Blüten; f. *alba*: weiße Blüten; 'Alba Variegata': gelbbunte Blätter, weiße Blüten; 'Argenteovariegata': AGM-Preis, mattgrüne Blätter mit blassgelben Rändern und Mittelrippen, violettblaue Blüten; 'Atropurpurea': AGM-Preis, grüne, gelbgestreifte und -gesäumte Blätter, blaue Blüten; 'Aureovariegata': grüne, gelbgestreifte und -gesäumte Blätter, blaue Blüten; 'Azurea Flore Pleno': AGM-Preis, dunkelgrüne Blätter, gefüllte, rote bis purpurfarbige Blüten; 'Gertrude Jekyll': AGM-Preis, grüne Blätter, cremeweiße Blüten; 'Multiplex': gefüllte, purpurfarbige Blüten; 'Silver Service': graugrüne, silb-rig bunte Blätter, gefüllte, mittelblaue Blüten.

# KONIFEREN

## *Juniperus* Wacholder

*„Wacholderbüsche galten lange Zeit als die bodendeckenden Koniferen schlechthin, und man benutzte die alten 'Pfitzeriana'-Formen, um unzählige Drainage- und Einstiegslochdeckel zu überdecken. Diese früheren Arten wurden jetzt durch andere ergänzt und teilweise abgelöst. Diese sind pflegeleichter und flacher wachsend, aber kaum weniger effektiv."*

■ **PFLEGE** Im Frühjahr mulchen und Volldünger verabreichen.

■ **VERMEHRUNG** Durch halb reife Sprossstecklinge im Sommer oder Hartholzstecklinge im Winter. Wenn man die Stecklinge nicht mit Wasser besprüht, wurzeln sie allerdings nur schlecht an. Reife Samen können im Herbst in Blumentöpfe ausgesät und im Frühbeet stehen gelassen werden.

*Juniperus communis* 'Hornibrookii'

Jedoch ist die Keimung unregelmäßig und kann mehrere Jahre dauern.

■ **SCHNITT** Nicht erforderlich. Kann nötigenfalls leicht zurückgeschnitten werden, regeneriert sich jedoch nicht aus altem Holz.

■ **PROBLEME** Blattläuse, Phytophtora.

■ **MERKMALE** Immergrüne Koniferen mit scharfem, nadelähnlichem Laub, das sich im Laufe der Zeit in fleischige Schuppen verwandelt. Es kann grün, gelb, grau

### Empfohlene Arten

Es gibt unzählige Arten von flach wachsendem Wacholder. Die hier aufgeführten Formen sind mir persönlich bekannt. Die neueren Formen werden eventuell noch nicht lange genug kultiviert, um ihre volle Wuchskraft einschätzen zu können. Deshalb kann es vorkommen, dass sie sich weiter ausbreiten als angegeben. *Juniperus communis* var. *depressa* (Heidewacholder): niederliegend mit nach oben gerichteten Sprossen, zwergwüchsig, breitet sich aber weit aus, gelbgrünes Laub, das im Winter bronzefarbig wird, 60 cm × 1,5 m, 'Depressa Aurea': sich ausbreitender Habitus mit halb aufgerichteten Zweigen, goldgelbes Laub im Frühjahr, im Winter bronzefarbig bis grün, 60 cm × 1,5 m; 'Effusa': breitet sich weit aus, halb niederliegend, grünes Laub mit silbrig weißer Unterseite, 60 cm × 1,5 m, 'Hornibrookii': kriechende Zwergform, die sich mit ihrer Form an das überdeckte Objekt anpasst, kleines, scharfes Laub, unterseitig silberweiß, 40 cm × 1,5 m, 'Repanda': AGM-Preis, zwergwüchsig mit Kriechhabitus, graugrünes Laub mit bronzefarbiger Tönung im Winter, 30 cm × 2 m, *J. conferta* (Uferwacholder): dichte, kriechende Zweige, apfelgrünes Laub, männliche und weibliche Blüten an einer Pflanze, purpurschwarze Früchte, 30 cm × 1 m nach 5 Jahren, danach Ausbreitung um 10 cm pro Jahr; *J. horizontalis* (Kriechwacholder): lange Zweige, blaugraues Laub mit scharfen Spitzen, dunkelblaue Früchte, 30 cm × unendlich, 'Bar Harbor': schuppenähnliches Laub, blaugrün, wird jedoch im Winter purpurfarbig, 30 cm × 1,5 – 2 m, endgültige Ausbreitung: 5 m und mehr, 'Blue Chip' (syn. 'Blue Moon'): auffälliges, leuchtend blaues Laub, behält die gleiche Farbe das ganze Jahr über, teppichähnlicher Habitus, Endgröße: 50 cm × 3 m, 'Emerald Spreader': polsterähnlicher, flacher Strauch, leuchtend grünes Laub, Endgröße: 30 cm × 3 m, Glauca-Gruppe: dichter, blauer Teppich, 30 cm hoch mit Randausläufern bis zu 3 m, 'Prince of Wales' langsam wachsendes Polster, leuchtend grünes Laub mit Blautönung, im Winter purpurfarbig überhaucht, 15 cm × 1 – 1,2 m nach 5 Jahren, danach weitere Ausbreitung um 10 – 15 cm pro Jahr, 'Wiltonii' (syn. 'Blue Rug'): AGM-Preis, lange, sich am Boden anschmiegende Zweige, gehört zu den blauesten Arten, 30 cm × 3 m nach 10 Jahren; *J.* x *pfitzeriana* 'Blound' (syn. 'Gold Sovereign', *J.* x *media* 'Blound'): bogenförmiger, sich ausbreitender Habitus, gelbes Laub, 1,2 × 3,5 m, 'Gold Coast': flacher, sich ausbreitender Habitus, gelbes Laub, 60 – 90 cm × 1,5 – 2 m, 'Old Gold': AGM-Preis, langsamer wachsend als viele andere Arten, dich-

und fast blau sein. Trägt kleine Blüten an den Sprossspitzen und kleine, blaue oder schwarze Zapfen (die Früchten ähneln), wenn männliche und weibliche Exemplare vorhanden sind, jedoch nicht bei *Juniperus horizontalis* und seinen Unterarten.

**GRÖSSE** Sehr unterschiedlich, selbst unter den bodendeckenden Formen. Die meisten Arten sind jedoch unter 1 m hoch und haben eine Ausbreitung von 1,5–2 m nach 5 Jahren. Andere breiten sich mehr oder weniger unendlich aus und wachsen jedes Jahr um ca. 10 cm.
**STANDORT UND BODEN** Volle Sonne bis leichter Schatten, mit Schutz vor kaltem Wind. Gedeiht auf den meisten gut durchlüfteten Gartenböden, auch trockenen und alkalischen.
**Unkrautunterdrückungsklasse 4.**
**WINTERHÄRTE** Die meisten Arten sind sehr hart und vertragen über –20 °C.

ter, halb niederliegender Habitus, goldbronzefarbiges Laub, bleicht im Winter etwas aus, 1–1,2 × 1,2–2 m, 'Pfitzeriana': AGM-Preis, lange, bogenförmige Zweige, schuppenähnliches, grünes Laub mit Blautönung, Endgröße: 3 × 5 m; *J. sabina* 'Tamariscifolia' (Sadebaum): an der Spitze abgeflachte Form mit waagerechten, sich überlappenden Zweigen, dunkelgrünes Laub, das unangenehm riecht, wenn man es zerdrückt, Spitzen sterben nach hartem Frost ab, idealer Standort zwischen Steinen, am Rand von erhöhten Rabatten oder an Sandufern, 20 × 30 cm nach 10 Jahren, Endgröße: 1 × 1,2 m, *J. squamata* 'Blue Carpet': AGM-Preis, langsam wachsend, flaches, bogenförmiges, blaugraues Laub, Nadeln mit scharfen Spitzen, 30 cm × 1,2–1,5 m.

*Juniperus squamata* **'Blue Carpet'**

# KONIFEREN

## Picea Fichte

„Obwohl es sehr viele Arten von flach wachsenden Fichten gibt (am bekanntesten sind wohl die so genannten 'Blaufichten'), besitzen die meisten von ihnen eine zu offene Struktur, um als Bodendecker wirklich von Wert zu sein. Allerdings habe ich hier zwei Arten ausgewählt, die diese Funktion relativ gut erfüllen."

■ **PFLEGE** Im Frühjahr pflanzen, junge Bäume im Frühjahr mulchen und Volldünger verabreichen.

■ **VERMEHRUNG** Ohne Besprühen mit Wasser schwer zu vermehren.

*Picea abies 'Repens'*

■ **SCHNITT** Nicht erforderlich, außer zum Entfernen aufrechter Zweige an niederliegenden Pflanzen. Es erfolgt keine Regenerierung aus altem Holz, und ein Rückschnitt kann die Wuchsform verderben. Beschädigte Zweige sollte man im Winter entfernen.

■ **PROBLEME** Blattläuse, Spinnmilben, Gallenläuse, Nadelbräune, Wurzelfäule.

■ **MERKMALE** Immergrüne Koniferen, die oberflächlich wie Tannen aussehen. Jedoch sitzen hier die Nadeln in kurzen, hölzernen Schäften, die am Baum verbleiben, nachdem die Blätter abgefallen sind. Trägt unscheinbare 'Blüten' vom späten Winter bis zum Frühjahr. Die grünen Zapfen werden mit der Zeit braun, wobei Zwergformen gar keine tragen.

**GRÖSSE** Unterschiedlich (siehe Empfohlene Arten).
**STANDORT UND BODEN** Offener Standort erforderlich, verträgt keinen Schatten. Die meisten Gartenböden sind geeignet, außer sehr nährstoffarme, trockene oder alkalische (obgleich bestimmte Arten auch alkalischen Boden vertragen). Nicht für Küstengegenden geeignet.
**Unkrautunterdrückungsklasse 3.**
**WINTERHÄRTE** Die meisten sind winterhart und vertragen ca. −15 °C. Spätfröste können Schäden an neuen Trieben und jungen Bäumen anrichten.

**Empfohlene Arten**
*Picea abies* 'Repens' (Norwegische Fichte): niederliegender, langsam wachsender Busch mit flacher Spitze und Zweigen in Ausläuferform, 30 − 40 cm × 1 − 1,5 m; *P. pungens* 'Glauca Prostrata' (syn. 'Prostrata'): sich ausbreitende, am Boden kriechende Zweige, blaue Nadeln, sehr winterhart, 25 cm × 1,5 m nach 20 Jahren.

## Podocarpus

„Die Steineiben gehörten noch nie zu den gängigen Gartenpflanzen. Es sind Koniferen, die jedoch mehr mit Eiben als mit Tannen und Fichten verwandt sind. Der Hauptgrund, warum sie nicht im größerem Maße kultiviert werden, besteht darin, dass die meisten Formen keine ausreichende Winterhärte besitzen. Allerdings empfehle ich hier eine neuseeländische Art, die eine sich ausbreitende Alpenpflanze ist und in meinem eigenen Garten ihre Härte bewiesen hat."

■ **PFLEGE** Im ersten Winter nach dem Pflanzen schützen, dann im Frühjahr mulchen und Volldünger verabreichen.

■ **VERMEHRUNG** Durch halb reife Sprossstecklinge im Frühsommer, die man über Winter anwurzeln lässt. Dabei ist für etwas Bodenwärme zu sorgen.

■ **SCHNITT** Nicht erforderlich, kann jedoch im Sommer mit der Schere etwas in Form gebracht werden.

■ **PROBLEME** Schuppenartige Insekten.

■ **MERKMALE** Immergrüne Koniferen mit steifen, lederartigen, eibenähnlichen Blättern. Die männlichen Pflanzen tragen vom späten Frühjahr bis zum Frühsommer kätzchenartige Blüten, die weiblichen haben kleine Zapfen. Wenn männliche und

**GRÖSSE** *P. nivalis* erreicht 60 × 80 cm nach 5 Jahren, Endgröße: 1 − 2 × 2 − 3 m.
**STANDORT UND BODEN** Offener Standort erforderlich. Die meisten gut durchlüfteten Gartenböden sind geeignet, gedeiht auch unter alkalischen Bedingungen.
**Unkrautunterdrückungsklasse 3.**
**WINTERHÄRTE** Die meisten Arten stammen aus der südlichen Hemisphäre und gedeihen nur in milden Gegenden gut. Einige wenige Arten, wie z. B. *P. nivalis*, sind jedoch winterhart und vertragen −15 bis −20 °C.

weibliche Exemplare zusammengepflanzt werden, können die weiblichen Pflanzen fleischige, rote Früchte produzieren.

### Empfohlene Arten

*Podocarpus nivalis* (Schnee-Steineibe): flacher, sich ausbreitender Horst, dichte Zweige, kleines, schmales, olivgrünes Laub, das im Winter bronze- oder purpurfarbig wird, fruchtet leicht.

*Podocarpus nivalis*

## *Taxus* Eibe

„Ich will nicht verheimlichen, dass die Eibe eine meiner Lieblingsgartenpflanzen ist. Als Heckenstrauch und für den Formschnitt gibt es nichts Besseres. Obwohl von allen Arten fast nur eine kultiviert wird, ist es doch eine sehr vielfältige Pflanze. Wenn auch die bodendeckenden Formen vielleicht zu den am wenigsten geschätzten Varianten gehören."

■ **PFLEGE** Mulchen und Volldünger verabreichen. Alle Pflanzenteile sind sehr giftig.
■ **VERMEHRUNG** Durch Hartholzstecklinge im Winter.
■ **SCHNITT** Nicht erforderlich. Alte oder überwachsene Pflanzen können jedoch stark zurückgeschnitten werden und regenerieren sich dann aus dem alten Holz.
■ **PROBLEME** Absterben, Phythophtora oder andere Wurzelfäulniskrankheiten.

*Taxus baccata* 'Repens Aurea'

■ **MERKMALE** Immergrüne Koniferen mit dunkelgrünem, dichtem Laub und einer Fülle flacher Nadeln. Goldfarbige und buntblättrige Exemplare werden auch angeboten. Eiben sind entweder männlich oder weiblich, wobei die weiblichen Exemplare scharlachrote Früchte tragen.

**GRÖSSE** Die bodendeckenden Formen erreichen ca. 1×1,5 m nach 5 Jahren, dann breiten sie sich weiter, aber langsam bis unendlich aus.
**STANDORT UND BODEN** Volle Sonne bis tiefer Schatten, außer goldfarbigen Formen, die unter direkter Sonnenbestrahlung ausbleichen und auch in tiefem Schatten ihre Farbe verlieren. Alle gut durchlüfteten Böden, vertragen sogar alkalische Standorte. **Unkrautunterdrückungsklasse 4–5.**
**WINTERHÄRTE** Sehr winterhart, vertragen −20°C und darunter.

### Empfohlene Arten

Von *Taxus baccata* gibt es viele Formen, die sich deutlich von der Mutterpflanze unterscheiden. 'Cavendishii': halb niederliegender Horst, sich weit ausbreitende Zweige, deren Spitzen herabhängen, weibliche Form, weniger als 1 m hoch, Ausbreitung bis zu 4 m, 'Repandens': AGM-Preis, sich ausbreitend, halb niederliegend, weibliche Form, sehr dunkelgrünes Laub, 30– 60 cm × 1 m nach 5 Jahren, kann eine endgültige Ausbreitung von 5 m erreichen, 'Repens Aurea': flach, sich ausbreitend, weibliche Form, Blätter mit gelben Rändern in der Jugend, später werden sie cremefarbig, verliert die Farbe in tiefem Schatten, sollte deshalb an einem etwas sonnigen Standort gepflanzt werden, 60–90 cm × 1,2–1,5 m.

## Bambus

*„Wie man mir sagt, gehört Bambus zu den attraktivsten Pflanzen in einem modernen Garten. Sie sind schick, um dies einmal mit diesem schrecklichen Begriff auszudrücken. Ich persönlich meine, dass Bambuspflanzen in den meisten Gärten in gemäßigtem Klima fehl am Platz sind, und die besten Arten sind einfach zu zart, um hier wirklich gut gedeihen zu können. Dennoch gibt es offensichtlich viele Leute, die diese Pflanzen mögen, und da sie oft relativ wuchskräftig sind, gehören sie auch zu den Spezies, die als Bodendecker verwendet werden können. Allerdings sollte man nicht vergessen, dass es sich hier um eine Pflanzengruppe handelt, deren Eigenschaft als 'guter Bodendecker' auch sehr bald 'wuchernd' bedeuten kann. Sobald eine Bambuspflanze angewachsen ist, muss also auch wieder etwas davon entfernt werden."*

■ **PFLEGE** Die Pflanzstelle ist gründlich mit organischen Stoffen vorzubereiten. Im Frühjahr mulchen und Volldünger verabreichen.

■ **VERMEHRUNG** Gut bewurzelte Teile im Frühjahr oder Frühsommer abtrennen und umpflanzen.

■ **SCHNITT** Alte Halme im Frühjahr herausschneiden. Mit einer Hacke oder einem scharfen Spaten das Dickicht an den Kanten abstechen, wenn es auf andere Pflanzen übergreift.

■ **PROBLEME** Keine. Jedoch können Kaninchen, Eichhörnchen und anderes Wild die Sprosse beschädigen.

■ **MERKMALE** Immergrünes Laub sieht im Sommer schön aus, kann aber im Winter struppig und unsauber werden.

> **GRÖSSE** Die meisten Arten sind ca. 1,5 m hoch, jedoch ist die Ausbreitung sehr unterschiedlich.
> **STANDORT UND BODEN** Die meisten Formen erfordern einen sonnigen Standort und gut durchlüfteten Boden, jedoch gibt es auch Ausnahmen (siehe Empfohlene Arten).
> **Unkrautunterdrückungsklasse 2.**
> **WINTERHÄRTE** Die hier empfohlenen Formen sind hart und vertragen mindestens −15 °C.

*Shibataea kumasasa*

*Sasa veitchii*

*Pseudosasa japonica*

### Empfohlene Arten

*Indocalamus tesselatus* (syn. *Sasa tessellata*): dichtes Dickicht, leuchtend grüne Rohrstängel, hat wahrscheinlich das größte Laub unter allen winterharten Bambusarten, bis zu 60 cm lang und 5–10 cm breit, durch ihr Gewicht biegen sich die Stängel nach unten und verleihen dem Horst einen zwergwüchsigen Habitus, olivgrüne Rohrstängel bis zu einer Höhe von 2 m, heruntergebogen jedoch nur 1 × 1 m; *Pseudosasa japonica* (syn. *Arundinaria japonica*): AGM-Preis, in kuhlerem Klima horstbildend, Blätter 25 cm lang mit grauer Unterseite und grünem Randstreifen, sehr winterhart, 4 × 1 m; *Sasa veitchii*: auslaufende Rhizome bilden ein großes Dickicht, schattenverträglich, Blätter 20 cm lang mit stumpfen Spitzen, bleibt das ganze Jahr über attraktiv, im Frühherbst entwickelt sich ein weißer Streifen an den Rändern, erzeugt eine buntblättrige Wirkung, die den ganzen Winter über anhält, purpurgetönte Halme, 1,5 × 1 m; *Sasaella ramosa* (syn. *Arundinaria vagans*): eine kurze Bambuspflanze, jedoch stark wuchernd, wächst dort, wo wenige andere Pflanzen gedeihen, sogar in dichtem Schatten, waagerechte Verzweigungen in der Mitte der Halme, leuchtend grüne Blätter, 10–15 cm lang mit flaumiger Unterseite, Laub kann im Winter an den Rändern welken, purpurgetönte Halme, 1 m × 45 cm; *Shibataea kumasasa* (syn. *Sasa ruscifolia*): in kühlerem Klima horstbildend, dunkelgrüne Blätter, nur 8 cm lang, können an den Spitzen welken, Rohrstängel wachsen zickzackförmig und sind blassgrün, später werden sie mattbraun, gedeiht am besten auf feuchtem Boden, 1,5 × 30 cm.

## Gräser und Schilf

*„Wie ich bereits an früherer Stelle erwähnt habe, gibt es gute Gründe, Gras als die beste aller bodendeckenden Pflanzen zu betrachten, und es existiert wirklich keine bessere Art der Bodendeckung als durch Anlegen eines Rasens. Jedoch denke ich dabei nicht so sehr an die durch den Rasen hervorgerufene Flächenwirkung. Bestimmte Ziergräser und mit ihnen verwandte Schilfarten können auch eine erstaunliche Wirkung erzielen, wenn sie en masse gepflanzt werden. Allerdings sollte man nicht denken, dass diese Wirkung mit jener vergleichbar ist, die man mit Rasen erzielt. Auf keinen Fall wird man diese Pflanzen mähen und begehen können."*

## *Festuca glauca* Blaues Schwingelgras

■ **PFLEGE** Regelmäßige Teilung ist erforderlich, um die blaue Farbe zu erhalten.

■ **VERMEHRUNG** Durch Ausgraben und Teilen der Pflanzen alle zwei Jahre im Frühjahr. Aussaat im Frühjahr oder Herbst.

■ **SCHNITT** Nicht erforderlich. Jedoch kann man die Blüten mit einer Schere entfernen, wenn sie braun werden.

■ **PROBLEME** Keine. Kann jedoch absterben, wenn der Boden im Winter staunass ist.

■ **MERKMALE** Immergrünes, horstbildendes Gras mit blauem Laub. Trägt Blüten vom späten Frühjahr bis zum Frühsommer.

*Festuca glauca*

**GRÖSSE** 20 × 60 cm nach 5 Jahren, in der Blüte 30 cm hoch.
**STANDORT UND BODEN**
Sonniger Standort und gut durchlüfteter Boden, gut für trockene und nährstoffarme Stellen geeignet.
**Unkrautunterdrückungsklasse 1.**
**WINTERHÄRTE** Hart, verträgt −15 bis −20°C.

**Empfohlene Arten**
Die Spezies wird oft für Bodendeckung verwendet. Allerdings gibt es bestimmte Arten, wie z. B. 'Blaufuchs', die ein intensiveres blaues Laub besitzen.

*Holcus mollis* 'Albovariegatus'

## *Holcus* Honiggras

■ **PFLEGE** Keine spezielle Pflege.
■ **VERMEHRUNG** Durch Teilung im Frühjahr oder Abschneiden bewurzelter Ausläufer.
■ **SCHNITT** Nicht erforderlich. Ausläufer sollten jedoch herausgezogen werden, um die Ausbreitung einzuschränken. Kann gemäht werden, am besten mit einem Luftkissen-Rasenmäher, wenn die Pflanze richtig angewachsen ist. Samenköpfe sind zu entfernen, um zu vermeiden, dass die Pflanze

**GRÖSSE** Jedes Büschel ist 15 × 25 – 30 cm groß, 30 cm hoch in der Blüte, durch Ausläufer können sich die Pflanzen unendlich ausbreiten.
**STANDORT UND BODEN** Gedeiht am besten an einem feuchten, schattigen Standort, kann aber auch in die Sonne oder in den Schatten auf feuchten, aber gut durchlüfteten Böden gepflanzt werden. An einer sonnigen Stelle mit nährstoffarmem, trockenem Boden gedeihen die Pflanzen wahrscheinlich nicht.
**Unkrautunterdrückungsklasse 1.**
**WINTERHÄRTE** Verträgt bis −20°C.

durch die grünblättrigen Setzlinge dominiert wird.
■ **PROBLEME** Keine.
■ **MERKMALE** Die kleinste der Grasarten mit weißlich bunten Blättern. Das schönste Merkmal ist das Laub, das im Frühjahr und Herbst am besten ist. Grünweiße Blüten erscheinen im Sommer, haben jedoch nur einen kleinen dekorativen Wert.

**Empfohlene Arten**
Nur *Holcus mollis* 'Albovariegatus' (Weiches Honiggras) wird in Gärten kultiviert, buschiges Gras, breitet sich durch Ausläufer aus, Blätter 20 cm lang, grün mit weißen Rändern.

## *Luzula* Hainsimse

■ **PFLEGE** Keine spezielle Pflege. Sollte jedoch nicht in die Nähe von Rasen gepflanzt werden, da ich schon gehört habe, dass der Rasen überwuchert wird.
■ **VERMEHRUNG** Durch Ausgraben und Teilen der Horste im Frühjahr.

■ **SCHNITT** Nicht erforderlich
■ **PROBLEME** Keine.
■ **MERKMALE** Immergrüne, grasähnliche Pflanze mit Blättern, die im Winter leuchtend gelb sind und dann bis zur Mitte des Sommers grün werden. Trägt braune Blüten von der Mitte des Frühjahrs bis zum Frühsommer.

**GRÖSSE** 30 – 45 cm × 1 m nach 5 Jahren.
**STANDORT UND BODEN**
Verträgt dichten Schatten auf nassen und trockenen Böden.
**Unkrautunterdrückungsklasse 1.**
**WINTERHÄRTE** Hart, verträgt −15 bis −20°C.

**Empfohlene Arten**
*Luzula sylvatica* 'Aurea' (syn. *L. maxima* 'Aurea'): leuchtend gelb im Winter, mittelgrün im Sommer, 'Marginata' (syn. 'Aureomarginata'): haarige, breite, grüne Blätter mit schmalen, weißen Kanten.

# STAUDEN UND ALPENPFLANZEN

## *Acaena* Stachelnüsschen

*„Es gibt immer noch zu viele Leute, die Acaenas in der Abteilung für Alpenpflanzen im Gartencenter sehen und kaufen, bis sie dann zwei bis drei Jahre später feststellen, dass sie sich ein ziemliches Monster angeschafft haben. Diese Pflanzen sind sehr wuchskräftig und winterhart, und obwohl ich nicht glaube, dass sie in der Lage sind, einen ganzen Garten zu überwuchern, können sie mit Sicherheit andere Alpenpflanzen aus jedem Balkonkasten verdrängen. Für einen Gartenbereich mäßiger Größe ist diese Pflanze zweifellos ein schneller und sehr attraktiver Bodendecker."*

■ **PFLEGE** Keine spezielle Pflege. Eine Volldüngergabe im Frühjahr ist gut für die Pflanzen. Zu stark wachsende Sprosse können zurückgeschnitten werden und bewurzelte Stängel sollte man herausziehen.

■ **VERMEHRUNG** Durch Ausgraben und Teilung im Frühjahr oder durch Umpflanzen der selbstbewurzelten Ausläufer. Kann auch durch Aussaat im Herbst oder zeitigen Frühjahr vermehrt werden.

■ **PROBLEME** Keine, kann jedoch wuchern.

■ **MERKMALE** Kriechende, immergrüne Stauden, die ein dichtes Blattpolster bilden. Kleine Blätter in interessanten Farben und bunte Kletten (Früchte) sind das schönste Merkmal. Die kleinen, grünlich weißen Blüten sind unbedeutend.

> **GRÖSSE** 2,5 – 15 × 15 – 90 cm nach 5 Jahren.
> **STANDORT UND BODEN** Volle Sonne oder Halbschatten und gut durchlüfteter Boden. Ideal für nährstoffarme und sandige Standorte.
> **Unkrautunterdrückungsklasse 4 – 5.**
> **WINTERHÄRTE** Hart, verträgt −15 bis −20 °C.

> **Empfohlene Arten**
> *Acaena buchananii*: graugrüne Blätter, grünlich gelbe Kletten im Spätsommer, 2,5 × 75 cm; *A. microphylla*: AGM-Preis, bronzefarbig getönte Blätter, leuchtend karminrote Kletten im Spätsommer, 5 × 15 cm, 'Kupferteppich' (syn. 'Copper Carpet', 'Purple Carpet'): wuchskräftig, 5 × 60 cm, kupferfarbige bis schwarze Blätter, rote Kletten im Spätsommer; *A. novae-zelandiae* (syn. *A. anserinifolia*): leuchtend blaugrüne Blätter, rote Kletten, 15 × 90 cm.

*Acaena novae-zelandiae*

## *Achillea* Schafgarbe

*„Viele Gärtner begegnen der Garbe zum ersten (und möglicherweise auch zum letzten) Mal, wenn sie im Rasen auftaucht. Mit selektiven Unkrautbekämpfungsmitteln ist es nicht schwierig, sie dort zu kontrollieren. Die Tatsache, dass die Pflanze schnell im Gras anwächst und auch das Mähen und Darüberlaufen verträgt, zeigt jedoch, dass sie eine recht wirksame Rolle als bodendeckende Zierpflanze spielen kann."*

■ **PFLEGE** Gedeiht am besten, wenn man sie alle drei bis vier Jahre ausgräbt und teilt. Unsauberes Laub ist im Frühjahr zurückzuschneiden.

■ **VERMEHRUNG** Durch Ausgraben und Teilung im Herbst oder Frühjahr. Aussaat im Frühjahr oder Herbst.

■ **PROBLEME** Keine, kann jedoch kurzlebig sein.

■ **MERKMALE** Krautige und halb immergrüne Stauden, einige Arten mit federartigem, aromatischem Blattwerk. Gänseblümchenartige Blüten in Pastellfarben und

*Achillea clavennae*

stärkeren Farbnuancen, einige in flachen, tellerförmigen Blütenköpfen, vom späten Frühjahr bis zum Sommer.

**HÖHE UND AUSBREITUNG**
Unterschiedlich (siehe Empfohlene Arten).
**STANDORT UND BODEN** Sonniger Standort, verträgt jeden Boden, außer schwere, nasse Tonboden. Gut für leichte, trockene Böden geeignet.
**Unkrautunterdrückungsklasse 4.**
**WINTERHÄRTE** Hart, verträgt −15 bis −20°C.

**Empfohlene Arten**
*Achillea clavennae* (syn. *A. argentea*): polsterartiger Habitus, niederliegende Stängel, halb immergrün, weißes, haariges Blattwerk, weiße, gänseblümchenartige Blüten, verträgt keine Winternässe, 15 × 25 cm; *A millefolium*: diese Arten werden in einem breiten Farbspektrum angeboten, u. a. auch in verschiedenen Rot-, Rosa-, Gelb- und Cremenuancen, Blattwerk ist entweder grün oder graugrün, 60 – 75 × 60 cm.

## Ajuga

„Die Ajugas gehören zu den recht verbreiteten Staudenpflanzen, deren bodendeckende Wirkung im Garten eher unbeabsichtigt zustande kommt, da man sie vor allem wegen ihres dekorativen Laubs kauft. Die wuchskräftigeren Formen überraschen den Gärtner dann mit ihrer Ausbreitungsfähigkeit. Eine andere Überraschung, die man mit diesen Pflanzen oft erlebt, ist das Auftreten von Mehltau, und dies ist für mich der größte Nachteil dieser ansonsten sehr schönen und nützlichen Pflanzen."

■ **PFLEGE** Die Pflanzstelle ist durch Untergraben von organischen Stoffen sorgfältig vorzubereiten. Blätter, die Missbildungen durch Mehltau zeigen, sind zu entfernen.
■ **VERMEHRUNG** Durch Teilung der Horste im Frühjahr. *Ajuga reptans* bildet Setzlinge aus Ausläufern.
■ **PROBLEME** Echter Mehltau.
■ **MERKMALE** Kriechende, immergrüne Stauden mit bunten Blättern und kurzen Blütenspornen im Frühjahr oder Frühsommer.

**GRÖSSE** 10 – 15 × 45 cm nach 5 Jahren.
**STANDORT UND BODEN** Sonne oder Schatten. Beste Blattfärbung je nach Spezies an unterschiedlichen Standorten. Gedeiht am besten in feuchten, aber gut durchlüfteten Böden.
**Unkrautunterdrückungsklasse 2 – 3.**
**WINTERHÄRTE** Hart, verträgt −15 bis −20°C.

*Ajuga reptans* 'Catlin's Giant'

**Empfohlene Arten**
*Ajuga pyramidalis* 'Metallica Crispa': bronzefarbig getöntes Laubwerk mit gekräuselten Rändern, dunkelblaue Blüten, zum Erhalt der Wuchskraft alle zwei Jahre teilen, 10 × 45 cm; *A. reptans* (Günsel): Polster bildend mit Ausläufern, glänzend dunkelgrüne Blätter, kurze, blaue Blütensporne, 15 × 45 cm, 'Alba': dunkelgrünes Blattwerk, weiße Blüten, 'Atropurpurea (syn. 'Purpurea'): AGM-Preis, tiefpurpurfarbige, glänzende Blätter, gedeiht am besten in der Sonne, 'Braunherz': AGM-Preis, tiefpurpurfarbiges, glänzendes Laub, 'Burgundy Glow': AGM-Preis, weißlich grüne Blätter mit rötlichem Schimmer, 'Catlin's Giant' (syn. 'Macrophylla'): AGM-Preis, wuchskräftige Art mit großen, bronzefarbigen Blättern, 25 – 30 cm hoch in der Blüte, 'Multicolor' (syn. 'Rainbow', 'Tricolor'): hübscher Habitus, dunkelbraune Blätter mit graugrünen und cremefarbigen Markierungen, 'Variegata' (syn. 'Argentea'): hübscher Habitus, graugrünes und cremefarbiges Blattwerk, gedeiht am besten im Schatten.

## *Alchemilla* Frauenmantel

*„Oberflächlich betrachtet, könnte man meinen, dass eine krautige Staude, die im Winter fast vollständig eingeht, keine wirklich effektive bodendeckende Pflanze sein kann. Wenn Sie aber eine Pflanze brauchen, die einen grünen Teppich mit Sommerblüten bildet und das Unkrautwachstum unterdrückt, dann ist diese hier für solche Aufgaben wunderbar geeignet und löst sie mit viel Eleganz. Die Regentropfen, die sich auf ihren Blättern sammeln, werden unter Gärtnern als 'Quecksilberperlen' bezeichnet. Dies ist ein zutreffender Vergleich und sieht auch wirklich sehr attraktiv aus."*

■ **PFLEGE** Im Frühjahr Volldünger verabreichen. Das Blattwerk sieht zu Winteranfang ungepflegt aus und sollte am besten zurückgeschnitten werden. Aus den zurückbleibenden Horsten können im Frühjahr dann wieder frische, grüne Blätter sprießen.

■ **VERMEHRUNG** Durch Ausgraben und Teilung im Herbst oder Frühjahr. Aussaat im Frühjahr oder Herbst.

*Alchemilla xanthochlora*

■ **PROBLEME** Keine.
■ **MERKMALE** Leicht zu kultivierende, winterharte Stauden, die flache Horste mit grünen, gelappten, rundlichen Blättern bilden. Trägt im Sommer eine Fülle kleiner, gelbgrüner Blüten.

**GRÖSSE** 15 – 50 × 50 cm.
**STANDORT UND BODEN** Sonne oder Schatten und alle Böden, außer staunassen.
**Unkrautunterdrückungsklasse** 2 – 3.
**WINTERHÄRTE** Sehr hart, verträgt mindestens −20 °C.

**Empfohlene Arten**
*Alchemilla alpina* (Alpenfrauenmantel): dunkelgrüne Blätter mit behaarter Unterseite, Blüten stehen in aufrechten Trauben, 15 × 45 cm; *A. xanthochlora* (syn. *A. vulgaris*): in Europa beheimatet, gelbgrüne Blätter mit behaarter Unterseite, 25 – 50 × 50 cm.

## *Alyssum*

*„Es gehört zu den Ironien der Gärtnerei und Botanik, dass die beiden bekanntesten Gartenarten von* Alyssum *zu einer anderen Gattung übergewechselt sind. Die senfgelben Blüten, die man gemeinsam mit den roten und malvenfarbigen der Aubrieta auf vielen Gartenmauern findet, gehören zu* Aurinia saxatilis, *und die weiß blühende Beetpflanze, die man auch Duftsteinrich nennt, heißt* Lobularia maritima. *Verblieben ist uns jedoch eine Gruppe herrlicher Spezies, von denen die hier empfohlene bodendeckende Alpenpflanze eine der besten ist."*

■ **PFLEGE** Nach der Blüte leicht zurückstutzen, um ein buschförmiges Wachstum zu fördern.

■ **VERMEHRUNG** Durch Weichholz-stecklinge vom späten Frühjahr bis zum Frühsommer. Aussaat im Spätsommer oder Herbst.

■ **PROBLEME** Keine.

■ **MERKMALE** Die meisten Arten sind flach wachsende, immergrüne Stauden, die wegen ihrer dichten Trauben leuchtender Blüten kultiviert werden.

**GRÖSSE** 8 × 30 cm.
**STANDORT UND BODEN** Sonnige Stelle und gut durchlüfteter Boden. Gut für alkalische Böden geeignet.
**Unkrautunterdrückungsklasse 3.**
**WINTERHÄRTE** Hart, verträgt −15 bis −20°C.

**Empfohlene Arten**
*Alyssum serpyllifolium*: sich ausbreitendes Polster, graugrüne bis silberfarbige Blätter, leuchtend gelbe Blüten.

## *Anaphalis* Perlpfötchen

*„Selbst mit größter Fantasie kann man* Anaphalis *nicht als dicht wachsende Pflanze bezeichnen. Jedoch besitzt sie so viele dieser offenen, lose strukturierten Stiele, dass Gruppenpflanzungen ziemlich gut in der Lage sind, Unkräuter zu ersticken. Wenn sie aber vor allem an gepflegtem Aussehen interessiert sind, sollten sie woanders suchen.“*

■ **PFLEGE** Im Frühjahr mulchen und reichlich wässern. Wenn die Pflanze zu trocken steht, hängen die Stängel schlaff herunter.

■ **VERMEHRUNG** Durch Ausgraben und Teilung im Herbst oder Frühjahr oder

**GRÖSSE** 60 × 60 cm.
**STANDORT UND BODEN** Sonne oder Halbschatten. Gut durchlüfteter Boden, der im Sommer nicht austrocknet.
**Unkrautunterdrückungsklasse 1 – 2.**
**WINTERHÄRTE** Hart, verträgt −15 bis −20°C.

durch Fußstecklinge im zeitigen Frühjahr, wobei man darauf achten sollte, dass die Blätter keine Feuchtigkeit speichern.

■ **PROBLEME** Keine.

■ **MERKMALE** Unauffällige, krautige Staude mit graugrünen Blättern, außer während der Blüte im Spätsommer. Trägt Blüten in losen Trauben bis zum Früh-herbst.

**Empfohlene Arten**
*Anaphalis triplinervis*: AGM-Preis, dichte Horste graugrüner Blätter, weiße Blütentrauben.

*Alyssum serpyllifolium*

*Anaphalis triplinervis*

# STAUDEN UND ALPENPFLANZEN

## Antennaria  Katzenpfötchen

*„Durch die alphabetische Anordnung steht das „Katzenpfötchen" zufällig gleich hinter dem 'Perlpfötchen'. Beide Pflanzen sind botanisch durch ihre Zugehörigkeit zur Familie der Gänseblümchengewächse miteinander verbunden. Darüber hinaus gibt es jedoch keine Gemeinsamkeiten. Mir kommt es immer so vor, als ob diese Alpenpflanze der Armeria (siehe S. 64) ähnelt, mit der sie ansonsten gar nicht verwandt ist. Sie ist auch ähnlich effektiv bei der Schaffung eines dicht geschlossenen Teppichs auf begrenztem Raum."*

■ **PFLEGE** Auf schweren Böden mit Kies oder organischen Stoffen den Boden lockern. Im Frühjahr Volldünger verabreichen.
■ **VERMEHRUNG** Durch Ausgraben und Teilung im Frühjahr. Reife Saat im Herbst oder frühen Winter aussäen.

> **GRÖSSE** 10 × 30 – 60 cm.
> **STANDORT UND BODEN** Volle Sonne und gut durchlüfteter Boden.
> **Unkrautunterdrückungsklasse 2.**
> **WINTERHÄRTE** Hart, verträgt –15 bis –20 °C.

> **Empfohlene Arten**
> *Antennaria dioica* (syn. *Gnaphalium dioicum, Omalotheca dioica*) (Katzenpfötchen): silbrig weißes Polster mit dichten, wolligen Blättern, weiße bis rosabraune Blütenköpfe; *A. microphylla* (syn. *A.* var. *rosea*): AGM-Preis, sich ausbreitendes Polster, wollige Blätter, rosafarbige Blüten; *A. parvifolia* (syn. *A. aprica*): silbrig graues Polster, dichte, wollige Blätter, braun gefleckte Blütenkelche mit weißen oder rosafarbigen Spitzen.

■ **PROBLEME** Keine.
■ **MERKMALE** Immergrüne oder halb immergrüne Stauden mit haarigen, grauen oder weißen Blättern. Trägt kleine, weiße, violette oder rote, gänseblümchenähnliche Blütentrauben vom späten Frühjahr bis zum Frühsommer.

## Anthemis

*„Die Anthemis-Arten besitzen auch diese gelben, gänseblümchenähnlichen Blüten in klassischer Form wie viele andere Gartenstauden. Aber obwohl sie gleich vielen anderen Gänseblümchenarten, die für Rabatten verwendet werden, auch Horste bilden, ist das enge Bodenpolster aus Laub durchaus in der Lage, einen relativ dichten, bodendeckenden Teppich zu bilden. Da sie flach wachsend sind, muss man sie nicht hochbinden."*

■ **PFLEGE** Im Frühjahr Volldünger verabreichen. Stängel nach der Blüte zurückschneiden.
■ **VERMEHRUNG** Durch Teilung im Herbst oder Frühjahr oder durch Fußstecklinge im Frühjahr oder Sommer.
■ **PROBLEME** Keine. Pflanzen können jedoch kurzlebig sein.
■ **MERKMALE** Horstbildende Stauden, die wegen ihrer Blüten im Sommer und ihrer fein geteilten, manchmal aromatischen Blätter kultiviert werden.

> **GRÖSSE** 30 – 60 × 60 cm.
> **STANDORT UND BODEN** Offener, sonniger Standort und gut durchlüfteter Boden.
> **Unkrautunterdrückungsklasse 2 – 3.**
> **WINTERHÄRTE** Unterschiedlich (siehe Empfohlene Arten).

*Anthemis tinctoria* 'Wargrave Variety'

ein dichtes Blattpolster bilden. Mit Trauben kleiner, weißer Blüten im Frühjahr oder Sommer. Robuste Pflanzen, können aber wuchern.

**GRÖSSE** 15−25×45−50 cm.
**STANDORT UND BODEN** Sonniger Standort und gut durchlüfteter Boden. Verträgt warme, trockene Bedingungen und nährstoffarme Böden.
**Unkrautunterdrückungsklasse 3 – 4.**
**WINTERHÄRTE** Mäßig hart bis hart, verträgt ca. −15°C.

## *Arabis* Kresse

*„Als ich vor einigen Jahren einen vernachlässigten Bauerngarten rekultivierte, habe ich zum ersten Mal festgestellt, wie kräftig diese weiß blühenden Alpenpflanzen sein können. Was als kleine Einzelpflanze begonnen hatte, war später über eine niedrige Grenzmauer gewachsen und hatte sich dann in einem ziemlich großen Teil des Nachbargartens ausgebreitet. Unter ähnlichen Bedingungen wird bei Ihnen das Gleiche passieren."*

■ **PFLEGE** Im Frühjahr Volldünger verabreichen. Nach der Blüte leicht zurückstutzen, um eine buschige Wuchsform zu fördern.

■ **VERMEHRUNG** Durch Weichholzstecklinge im Sommer oder Teilung der angewachsenen Pflanze nach der Blüte. Die Spezies lassen sich auch aus Samen ziehen, die im Frühling oder Herbst ausgebracht werden sollten.

■ **PROBLEME** Blattläuse, Falscher Mehltau.

■ **MERKMALE** Immergrüne Stauden, die

*Arabis alpina* subsp. *Caucasica* 'Schneehaube'

## *Armeria* Grasnelke

*„An den Küstenklippen gibt es Bereiche, wo man meter- wenn nicht kilometerweit über einen leicht federnden Rasen laufen kann, der fast ausschließlich aus Armeria maritima besteht. Ich kenne kaum eine andere Pflanze, die die Struktur und Dauerhaftigkeit von richtigem Rasen so gut imitiert wie diese. Andererseits sollte man sich nicht vorstellen, dass man die Pflanzen mähen kann. Aber sie gedeihen wirklich am besten in Gärten an der Küste."*

■ **PFLEGE** Im Frühjahr Volldünger verabreichen. Verwelkte Blütenköpfe abschneiden, um die Pflanze sauber zu halten.
■ **VERMEHRUNG** Durch Teilung der angewachsenen Pflanzen im Frühjahr oder Herbst oder durch halb reife Fußstecklinge im Sommer. Aussaat der Arten im Herbst oder frühen Winter.
■ **PROBLEME** Keine.

■ **MERKMALE** Immergrüne Stauden, deren Laub hübsche Rasendecken oder -kissen bildet. Kugelige, rosafarbige, rote oder weiße Blütenköpfe im Frühsommer, die an aufrecht wachsenden Stängeln über dem Blattwerk stehen.

**GRÖSSE** 20×30–50 cm.
**STANDORT UND BODEN**
Volle Sonne und jeder gut durchlüftete Boden. Ideal für Küstengebiete.
**Unkrautunterdrückungsklasse 3–4.**
**WINTERHÄRTE** Sehr hart, verträgt –20°C.

**Empfohlene Arten**
*Armeria maritima* (syn. *A. vulgaris*, Seegrasnelke): dunkelgrüne Blätter, weiße oder tiefrosafarbige Blüten vom späten Frühjahr bis zum Sommer, 'Alba': große, weiße Blütenköpfe auf kurzen Stielen.

## *Asarum* Wilder Ingwer

*„Aus dem Namen sollte man nicht den falschen Schluss ableiten, dass es sich hierbei um eine Küchenpflanze handelt. Sie hat nichts mit dem essbaren Ingwer zu tun, obwohl sie schon als Ersatz für Ingwer und auch für medizinische Zwecke benutzt wurde. Ich würde empfehlen, die Pflanze eher als Ersatz für nackten Boden an schattigen, feuchten Stellen einzusetzen, wo die relativ großen und glänzenden, dunkelgrünen Blätter einen äußerst attraktiven Teppich bilden. Sie sieht tropisch und zart aus, ist es jedoch nicht."*

■ **PFLEGE** Im Frühjahr Volldünger verabreichen. Mit Gartenkompost oder verrottetem Laub mulchen, um den Boden feucht zu halten.
■ **VERMEHRUNG** Durch Ausgraben und Teilen der kräftigen Pflanzen im Frühjahr. Aussaat ins Frühbeet im Herbst.
■ **PROBLEME** Schnecken.

**GRÖSSE** 10–15×40–50 cm.
**STANDORT UND BODEN** Diese Waldpflanzen gedeihen am besten in schattigen Bereichen und auf feuchtem, saurem oder neutralem Boden.
**Unkrautunterdrückungsklasse 2.**
**WINTERHÄRTE** Hart, verträgt –15 bis –20°C.

**Empfohlene Arten**
*Asarum caudatum*: sich ausbreitende, immergrüne Pflanze, herzförmige, haarige Blätter bis zu 15 cm lang; *A. europaeum* (Haselwurz): kriechende, rhizomförmige Pflanze mit immergrünen, glänzenden, nierenförmigen Blättern mit einer Breite von bis zu 12 cm, gedeiht am besten in tiefem Schatten.

*Armeria maritima*

■ **MERKMALE** Relativ flach wachsende, krautige Stauden, deren Hauptmerkmal die glänzenden, tiefgrünen Blätter sind. Sie tragen vom späten Winter bis zum zeitigen Frühjahr bronze- bis purpurfarbige Blüten, die jedoch durch das Laub überdeckt werden. Die Ausläufer riechen nach Ingwer.

## *Bergenia* Löffelblatt

*„Eine Beetstaude, die die gesegnete Gertrude Jekyll sehr liebte. Obwohl einige Arten relativ auffällige Blütensporne in leuchtend bunten Farben haben, war diese Pflanze für mich nie besonders schön. Auch ist sie nicht so trockenheits- und schattenverträglich, wie dies manchmal behauptet wird. Andererseits bildet sie wirklich, wie dies ihr volkstümlicher Name andeutet, ziemlich große Blätter, die fast alles unterdrücken, was versucht unter ihnen zu wachsen."*

■ **PFLEGE** Im Frühjahr Volldünger verabreichen und welke oder wintergeschädigte Blätter abschneiden.

■ **VERMEHRUNG** Durch Teilung im Herbst oder Frühjahr. Aussaat im Frühjahr ins Frühbeet.

■ **PROBLEME** Blattfleckenkrankheit, Rüsselkäfer.

■ **MERKMALE** Immergrüne Stauden mit rhizomähnlichen, niederliegenden Stängeln und Horsten glänzender, großer, rundlicher Blätter. Einige Arten tragen Blätter mit attraktiven Wintertönungen. Die im zeitigen Frühjahr erscheinenden Blüten sitzen in losen Trauben an der Pflanze. Die Blütenfarben sind unterschiedlich, zumeist jedoch rosa, weiß oder rot.

**GRÖSSE** Unterschiedlich, aber ca. 45 × 45 – 60 cm.

**STANDORT UND BODEN** Volle Sonne oder mäßiger Schatten und die meisten Böden. Ideal für unwirtliche Stellen, da die Pflanze auch vernachlässigt werden kann. Froststellen sind jedoch zu meiden, da die frühen Blüten durch den Frost beschädigt werden können. Einige Arten haben auch Blätter, die im Winter absterben, wodurch die Bodendeckung verloren geht.

**Unkrautunterdrückungsklasse 3 – 4.**

**WINTERHÄRTE** Unterschiedlich, aber zumeist hart, verträgt −15 bis −20 °C.

**Empfohlene Arten**

'Ballawley': halb immergrüne Pflanze, weniger winterhart als die meisten anderen, rosarote Blüten, kann eine Höhe von 60 cm erreichen; *B. cordifolia*: AGM-Preis, lederartige, runde Blätter mit einer Breite von bis zu 25 cm, rosafarbige Blüten, 'Purpurea': AGM-Preis, Blätter werden im Winter purpurfarbig, tiefpurpurfarbige Blüten im Frühjahr, 'Sunningdale': mittelgrüne Blätter, die im Winter bronzefarbig werden, rosarote Blüten auf roten Stängeln, 'Wintermärchen': kleine, glänzende Blätter, die im Winter leuchtend rot werden, rosarote Blüten auf roten Stängeln.

*Bergenia cordifolia* 'Purpurea'

## Brunnera

*„Trotz der sehr ähnlichen Blüten gehört Brunnera nicht zu den Vergissmeinnicht-Arten. Obwohl sie jedoch in der gleichen Familie sind, machen die unterschiedlichen Blätter der Brunnera sie zu einem guten Bodendecker, während dies bei Vergissmeinnicht nicht der Fall ist (mit einer Ausnahme, siehe S. 78). Ihr eigentlicher Nachteil besteht darin, dass die Blätter im Winter sehr leicht braun werden."*

■ **PFLEGE** Im zeitigen Frühjahr mulchen und Volldünger verabreichen. Alte, verwelkende Blütensporne zurückschneiden. Blätter mit braunen Frosträndern entfernen. Bei buntblättrigen Arten einfarbig grüne Triebe ausschneiden.
■ **VERMEHRUNG** Durch Ausgraben und Teilung im Herbst oder Frühjahr oder durch Wurzelstecklinge im zeitigen Frühjahr. Einige Formen können durch Aussaat im Frühsommer gezogen werden.
■ **PROBLEME** Keine.
■ **MERKMALE** Krautige Stauden mit herzförmigen Blättern. Im Frühjahr erscheinen vergissmeinnichtähnliche Blütenrispen.

*Brunnera 'Hadspen Cream'*

**GRÖSSE** 40 × 60 cm.
**STANDORT UND BODEN** Schatten ist ideal, verträgt aber auch Sonne, wenn der Boden nicht austrocknet. Gedeiht am besten auf kaltem, feuchtem Boden, der mit organischen Stoffen angereichert ist. Ansonsten sehen die Pflanzen etwas ungepflegt aus. Vor kaltem Wind schützen, da die Blätter sonst braun werden können.
**Unkrautunterdrückungsklasse 2 – 3.**
**WINTERHÄRTE** Verträgt bis −20 °C.

**Empfohlene Arten**
*Brunnera macrophylla* (syn. *Anchusa myosotidiflora*): AGM-Preis, herzförmige, mittelgrüne Blätter, drahtige Stängel, auf denen im Frühjahr kleine, blaue Blüten sitzen, 'Aluminium Spot' (syn. 'Langtrees'): grüne Blätter mit silbrig weißen Flecken, 'Dawson's White (syn. 'Variegata'): weißes und grünes, buntblättriges Laub, 'Hadspen Cream': AGM-Preis, hellgrüne Blätter mit cremefarbenen Rändern.

## Campanula  Glockenblume

*„Campanula ist eine große Pflanzengattung (über 300 Arten), deren Arten, die zumeist blauen, glockenförmigen Blüten gemeinsam haben. Die Wuchsformen sind jedoch äußerst vielfältig und reichen von hohen, dünnstängeligen Rabattenstauden, die mehr als alle anderen mir bekannten Pflanzen Probleme mit dem Abknicken haben, bis hin zu flach wachsenden, stark wuchernden Steingartenarten, die alles um sich herum unterdrücken. Dazwischen liegt Campanula glomerata, eine Pflanze, die eine Gartenrabatte mit Eleganz und Charme dominieren kann, wie fast keine andere dies vermag."*

■ **PFLEGE** Im Frühjahr mulchen und Volldünger verabreichen. Alte, verwelkende Blütensporne zurückstutzen und durch die Kälte braun gewordene Blätter abschneiden.
■ **VERMEHRUNG** Durch Teilung im Herbst oder Frühjahr. Formen mit langen, unterirdischen Trieben können ausgegraben werden, um die bewurzelten Teile abzuschneiden. Einige Formen können durch Aussaat Anfang Sommer im Frühbeet gezogen werden.
■ **PROBLEME** Schnecken.
■ **MERKMALE** Große Gattung, alle

*Campanula rapunculoides*

Arten haben blaue oder weiße, manchmal rosafarbige, glockenförmige Blüten. Sehr unterschiedliche Wuchsformen.

**GRÖSSE** Sehr unterschiedlich (siehe Empfohlene Arten).
**STANDORT UND BODEN** Die meisten Arten gedeihen gut in der Sonne oder im Halbschatten auf feuchtem, aber gut durchlüftetem Boden.
**Unkrautunterdrückungsklasse 4.**
**WINTERHÄRTE** Sehr hart, verträgt −20 °C und darunter. Immergrüne Rosetten können jedoch im kalten Wind Braunfärbung annehmen.

**Empfohlene Arten**
*Campanula glomerata*: wuchskräftige, Rhizome bildende Staude, die wuchern kann, tiefgrüne Blätter, im Sommer kleine, purpurfarbige Blüten mit rundlichen Köpfen, 45×80 cm; *C. portenschlagiana* (syn. *C. muralis*, Dalmatinische Glockenblume): AGM-Preis, sich ausbreitende, immergrüne Pflanze, tieflavendelblaue Blüten im Sommer, kann sehr stark wuchern und ist einer der merkwürdigsten Träger des AGM-Preises, 15×50 cm; *C. poscharskyana*: sich ausbreitende, immergrüne Pflanze, blassgrüne Blätter, sternförmige, violettblaue Blüten im Sommer und Frühherbst, 10−15×60 cm; *C. rapunculoides* (Kriechende Glockenblume): Rhizome bildende Staude, wuchernd, tiefgrüne Blätter, drahtige Stängel mit zierlichen, blauen Blüten im Sommer und Frühherbst, kann sich in Gras ansiedeln, 45×45 cm; *C. takesimana*: sich ausbreitende, Rhizome bildende Staude, leuchtend grüne Blätter in Rosettenanordnung, bogenförmige Blütenrispen mit weißen Glocken im Sommer, 60×50 cm.

## *Chamaemelum* Kamille

*„Von allen Pflanzen, die bei Gärtnern als Ersatz für Grasrasen bekannt sind, ist dies die berühmteste. Jedoch – und ich habe dies bereits an mehreren Stellen in diesem Buch unterstrichen – gibt es keine wirklich praktische Alternative zu Gras. Dies ist aber kein Grund, warum man nicht einen kleinen Bereich seines Gartens mit Kamille wegen ihrer bodendeckenden Eigenschaften und ihrem einfachen, weichen, aromatischen Charme bepflanzen sollte.“*

■ **PFLEGE** Leichte Volldüngergabe im Frühjahr. Alle zwei bis drei Jahre sollte die Pflanze geteilt oder aus Stecklingen neu gezogen werden, um zu vermeiden, dass sie unsauber wird oder abstirbt. Verwelkte Blüten sind zu entfernen, und das Blattwerk ist auszuschneiden, um die buschige Wuchsform zu erhalten.
■ **VERMEHRUNG** Durch Teilung im Frühjahr oder Aussaat der Spezies im Herbst. Bei der blütenlosen 'Treneague' durch halb reife Stecklinge im späten Frühjahr oder Spätsommer.
■ **PROBLEME** Keine.
■ **MERKMALE** Immergrüne Stauden mit weichen, federartigen, aromatischen Blättern und kleinen, gänseblümchenartigen Blüten.

**GRÖSSE** 10−25×30−45 cm.
**STANDORT UND BODEN** Volle Sonne an einer geschützten Stelle und leichter, aber gut durchlüfteter Boden.
**Unkrautunterdrückungsklasse 3−4.**
**WINTERHÄRTE** Mäßig hart bis hart, verträgt ca. −15 °C, aber in kaltem Wind Braunfärbung.

**Empfohlene Arten**
*Chamaemelum nobile* (syn. *Anthemis nobilis*): leuchtend grüne Blätter, weiße Blüten, die in der Mitte gelb sind, 25×45 cm, 'Flore Pleno': gefüllte, weiße Blüten, 15×30 cm, 'Treneague': nicht blühende Form, wird an kleinen Stellen oft als Alternative zu Rasen verwendet, 10×30 cm.

*Chamaemelum nobile*

# STAUDEN UND ALPENPFLANZEN

## Chrysogonum Goldkörbchen

*„Diese Pflanze gehört zu den weniger bekannten Arten unter den gelben Gänse-blümchen. Wie eine Reihe anderer gelb blühender Stauden verträgt sie jedoch Schatten relativ gut. Vielleicht leuchten die gelben Blüten in der Dunkelheit, so dass Insekten sie auch dann noch finden können. In milderen Gegenden oder Jahren behält sie im Winter ihre Blätter. Alles in allem eine sehr nützliche und zu Unrecht wenig bekannte Pflanze."*

■ **PFLEGE** Im Frühjahr mulchen und Volldünger verabreichen. In kalten Gegenden im ersten Winter schützen.
■ **VERMEHRUNG** Durch Teilung im Frühjahr oder Sommer oder durch Aussaat reifer Samen im Herbst.
■ **PROBLEME** Keine.
■ **MERKMALE** Sich ausbreitende, Rhizome bildende Stauden mit einzelnen, goldgelben, gänseblümchenähnlichen Blüten und leuchtend grünen Blättern.

**GRÖSSE** 25 × 60 cm.
**STANDORT UND BODEN** Gedeiht am besten in feuchtem, aber gut durch-lüftetem Boden an feuchten, schattigen Stellen. Gute Waldrainpflanze.
**Unkrautunterdrückungsklasse 3.**
**WINTERHÄRTE** Mäßig hart, ver-trägt ca. –15°C.

**Empfohlene Arten**
*Chrysogonum virginianum*: ovale, haarige, leuchtend grüne Blätter, einzelne Blü-ten mit fünf Blütenblättern und gelber Mitte den ganzen Sommer hindurch.

## Dianthus Nelke

*„Die Nelken mit ihren riesigen, plum-pen Köpfen und lächerlichen Farben, die in den Blumenläden angeboten werden, gehören zu den Blumen, die ich wirklich nicht mag. Dennoch besitzt die Gattung Dianthus, zu der sie alle gehören, ei-nige sehr schöne und reizende Spezies. Dazu gehören auch Polster bildende Pflanzen, die in einem relativ großen Steingarten, einer kleinen Gartenrabatte oder an einem gepflasterten Bereich einen attraktiven und robusten Teppich bilden können."*

■ **PFLEGE** Im Frühjahr Volldünger ver-abreichen.
■ **VERMEHRUNG** Durch Stecklinge der nicht blühenden Sprosse im Sommer. Aussaat der Spezies im Herbst oder Win-ter und Anzucht im Frühbeet über Winter. Einige der büscheligen Formen können nach der Blüte oder im Frühjahr geteilt werden.
■ **PROBLEME** Keine.
■ **MERKMALE** Große Gattung mit im-mergrünen, zumeist graugrünen oder blau-grünen Blättern. Blüten variieren von ein-fachen, fünfblättrigen Einzelblüten bis zu voll gefüllten Floristen-Nelkenarten. Die meisten haben einen würzigen Duft. Die

**GRÖSSE** Die beiden hier empfohle-nen Formen haben eine Größe von 15 × 30 cm.
**STANDORT UND BODEN** Offe-ner, sonniger Standort und gut durch-lüfteter Boden, der neutral oder leicht alkalisch sein sollte. Verträgt Salz, Wind und Schmutz.
**Unkrautunterdrückungsklasse 2 – 3.**
**WINTERHÄRTE** Hart, verträgt –15 bis –20°C.

*Dianthus gratianopolitanus*

hier empfohlenen, bodendeckenden Formen sind hart und mehrjährig und tragen Einzelblüten.

**Empfohlene Arten**
*Dianthus* x *arvernensis* (syn. *D.* 'Arvernensis'): AGM-Preis, Polster bildende Staude, graugrüne Blätter, zahlreiche, rosafarbige Blüten an kurzen Stängeln im Sommer; *D. gratianopolitanus* (syn. *D. caesius*, Cheddarnelke): AGM-Preis, locker strukturierte Büschel mit graugrünen Blättern, aromatische, blassrosafarbige Blüten an langen, schlanken Stängeln im Sommer.

## Epimedium

*„Für Pflanzen mit langen, relativ drahtigen Blattstängeln und scheinbar empfindlichen Blättern schaffen die Epimedium-Arten eine äußerst dichte Deckung, was auf das mehrschichtige Laub zurückzuführen ist. Allerdings sind die Blätter recht dünn, und während die Pflanzen selbst ausreichend winterhart sind, können sich die Blätter in kaltem Wind braun färben.“*

■ **PFLEGE** Im Frühjahr ausgiebig mit Gartenkompost oder verrottetem Laub mulchen und Volldünger verabreichen. Im zeitigen Frühjahr altes Blattwerk abschneiden, um Platz für neue Triebe zu schaffen.
■ **VERMEHRUNG** Durch Ausgraben und Teilung im Frühjahr oder durch halb reife Stecklinge im Spätsommer. Aussaat reifer Samen der Spezies im Spätsommer.
■ **PROBLEME** Keine.
■ **MERKMALE** Laub abwerfende oder immergrüne Stauden, die zumeist wegen ihres Blattwerks kultiviert werden, das eine dichte Bodendeckung schafft und oft attraktiv getönt ist. Einige Arten haben schöne Frühlingsblüten.

*Epimedium* x *cantabrigiense*

**GRÖSSE** Unterschiedlich. Die hier empfohlenen Formen liegen unter 50 × 60 cm.
**STANDORT UND BODEN** Halb- oder Vollschatten, da die Sonne die Blätter verbrennen kann. Vorzugsweise feuchter, aber gut durchlüfteter Boden. Auch für Schutz vor kaltem Wind und hartem Frost sollte gesorgt werden, da das Blattwerk braun und unattraktiv werden kann.
**Unkrautunterdrückungsklasse 3.**
**WINTERHÄRTE** Sehr hart, verträgt −20 °C.

**Empfohlene Arten**
*Epimedium* x *cantabrigiense*: immergrüne Art mit horstbildenden oder teppichartigen Wuchsformen, ovale bis herzförmige Blätter, die im Frühjahr bronzefarbig sind oder rote Spitzen haben, blassrote und -gelbe Blüten, 50 × 60 cm; *E. pinnatum* subsp. *colchicum* (syn. *E. pinnatum* var. *elegans*): AGM-Preis, immergrün, Teppich bildende Wuchsform, ovale bis rundliche Blätter mit rötlichem Hauch bei jungen Pflanzen und im Herbst, gelbe Blüten, 25 × 25 cm.

# STAUDEN UND ALPENPFLANZEN

## Erigeron Feinstrahlaster

„Ich weiß nicht, ob diese kleine mexikanische Spezies entsprechend ihrem volkstümlichen Namen im Englischen jemals besonders flohfeindlich war, wie dies bei einigen ihrer europäischen Verwandten der Fall ist. Allerdings gehört sie zu den Pflanzen aus jenem Teil der Welt, die in kühlerem Klima nicht nur absolut winterhart sind, sondern sogar etwas wuchern können. Auf jeden Fall ist sie so hübsch, dass niemand schlecht von ihr denken könnte."

■ **PFLEGE** Im Frühjahr Volldünger verabreichen.
■ **VERMEHRUNG** Breitet sich durch Samen leicht aus. Kann aber auch durch Teilung oder Weichholzfußstecklinge im Frühjahr vermehrt werden. Aussaat im Frühjahr oder Sommer.

■ **PROBLEME** Keine, außer der Neigung zum Aussamen.
■ **MERKMALE** Krautige Stauden, die wegen ihrer lange blühenden, gänseblümchenähnlichen Blüten kultiviert werden.

**Empfohlene Arten**
Erigeron karvinskianus (syn. E. mucronatus, Mauergänseblümchen): AGM-Preis, flach wachsend, stirbt im Winter ab, graugrüne Blätter, gänseblümchenähnliche Blüten vom Frühsommer bis zum Herbst, diese sind zunächst weiß und werden dann rosa- und später purpurfarbig, kann wuchern, aber selten in aggressiver Weise.

**GRÖSSE** Erigeron karvinskianus erreicht 15 × 40 cm.
**STANDORT UND BODEN** Volle Sonne und gut durchlüfteter Boden.
**Unkrautunterdrückungsklasse 1 – 2.**
**WINTERHÄRTE** Sehr hart, verträgt −20 °C und darunter.

Erigeron karvinskianus

## Euphorbia Wolfsmilch

„Die Euphorbia-Arten gehörten zu den wichtigsten Pflanzen in der zweiten Hälfte des 20. Jahrhunderts, und es besteht kein Grund anzunehmen, dass ihre Popularität nicht auch bis weit in das 21. Jahrhundert hinein erhalten bleiben wird. Die Pflanzen bieten eine breite Auswahl an Größen und Wuchsformen, obwohl bei Blütenstruktur und Farben eine gewisse Uniformität besteht. Eine Art wird besonders durch ihre zuverlässige Ausbreitung an allen Standorten gekennzeichnet, obwohl man sie vielleicht nicht als die schönste aller Pflanzen bezeichnen kann."

■ **PFLEGE** Im zeitigen Frühjahr mulchen und Volldünger verabreichen. Alte, verwelkende Blütenstängel abschneiden. Auf großen Flächen kann man im Frühjahr einen Rasentrimmer benutzen, um das Wachstum neuer Triebe zu stimulieren.
■ **VERMEHRUNG** Verschiedene Methoden, die jedoch nicht für alle Formen angewendet werden können. Bei immergrünen Arten, wie Euphorbia amygdaloides var. robbiae durch Weichholzstecklinge im späten Frühjahr oder Frühsommer.
■ **PROBLEME** Keine.
■ **MERKMALE** Euphorbias haben sehr unterschiedliche Größen, Wuchsformen

**GRÖSSE** Euphorbia amygdaloides var. robbiae: 30 – 50 × 30 – 50 cm bei Einzelpflanzen, breitet sich jedoch über Bodentriebe weiter aus.
**STANDORT UND BODEN** Volle Sonne bis tiefer Schatten. Fast jeder Boden, auch sehr trockener.
**Unkrautunterdrückungsklasse 3.**
**WINTERHÄRTE** Sehr hart, verträgt −20 °C und darunter. Wird jedoch in extremer Witterung braun.

und Standortansprüche. Die hier empfohlene Form ist eine immergrüne Staude, die zwar nicht so attraktiv wie andere Exemplare ist, dafür aber durch ihre Verträglichkeit von Schatten und trockenem Boden Vorteile bietet. Sie entfaltet sich wie ein Farn und trägt gelbgrüne Blütenkelche.

### Empfohlene Arten
*Euphorbia amygdaloides* var. *robbiae* (syn. *E. robbiae*): immergrüne Art, sich schnell ausbreitende Rhizome, die mit Sicherheit wuchern. Grüngelbe Blütenköpfe.

*Euphorbia amygdaloides* var. *robbiae*

## *Helleborus*  Nieswurz

*„Wie die Euphorbia-Arten (links) gehören auch die Nieswurzformen zu den Erfolgspflanzen unserer Gartengeneration. Jedoch bietet die Gattung* Helleborus *mehr Abwechslung als* Euphorbia *in Bezug auf die Farben der Blüten. Die meisten Exemplare sind relativ unauffällige, horstbildende Stauden. Allerdings gibt es eine sehr verschiedenartige Spezies, die einen ausgezeichneten Bodendecker für leicht schattige Stellen darstellt. Damit diese Pflanze voll zur Wirkung kommt, sollte man jedoch keine Rücksicht zeigen und sie jedes Jahr gründlich ausputzen.“*

■ **PFLEGE**  Im Frühjahr mulchen und Volldünger verabreichen. Altes, im Spätwinter ausbleichendes Laub herausschneiden. Dadurch kann der Austrieb neuer Blüten stimuliert werden.

■ **VERMEHRUNG**  Durch Fußstecklinge im Frühjahr oder Teilung im Frühjahr oder Herbst. Unter Mutterpflanzen findet man ausgesamte Setzlinge. *Helleborus orientalis* kann aus Saat nicht echt nachgezogen werden.

■ **PROBLEME**  Blattläuse, Blattfleckenkrankheit, Stängelfäule.

■ **MERKMALE**  Krautige und immergrüne Stauden, mit grünen, geteilten Blättern. Man schätzt sie wegen ihrer Blüten, die im Winter und zeitigen Frühjahr erscheinen und attraktiv aussehen und lange blühen.

**GRÖSSE**  45 × 45 cm.
**STANDORT UND BODEN**  Vorzugsweise Schatten, verträgt aber auch Sonne, wenn der Boden feucht ist. Idealer Boden ist feuchter Lehm mit viel organischer Substanz. Wächst aber auch auf allen anderen Böden, außer staunassen.
**Unkrautunterdrückungsklasse 3 – 4.**
**WINTERHÄRTE**  Sehr hart, verträgt mindestens −20 °C.

### Empfohlene Arten
*Helleborus orientalis* (Christrose): mehr oder minder immergrün, schüsselförmige Blüten vom späten Winter bis zum zeitigen Frühjahr, weiß, rosa- und malvenfarbig bis tiefpurpur, viele mit attraktiven Markierungen.

*Helleborus orientalis*

# STAUDEN UND ALPENPFLANZEN

## Geranium

*„Die winterharte Geranie ist eine der wichtigsten Pflanzen für Blumenrabatten im Sommer. Bei den vielen schönen, blauen und anders gefärbten Arten, die von wilden Spezies abstammen, handelt es sich im Wesentlichen um große, schlaff strukturierte Pflanzen, die im Allgemeinen Sonne lieben. Da aber* Geranium *eine große Gattung darstellt, findet man hier auch flach wachsende, sich stark ausbreitende Arten sowie andere, die selbst Schatten vertragen. Ohne sie wäre mein Garten um vieles ärmer."*

**■ PFLEGE** Nur in geringem Maße erforderlich. Ich glaube, Geranien sind der Idealfall einer pflegeleichten Pflanze. Im Frühjahr kann Volldünger verabreicht werden, um ein schnelles Wachstum und eine zügige Bodendeckung zu fördern. Gegebenenfalls sind verwelkte Blütenstängel zurückzuschneiden, um der Pflanze ein gepflegteres Aussehen zu verleihen und den späten, zweiten Blütenaustrieb zu fördern.

**■ VERMEHRUNG** Am einfachsten durch Teilung im Frühjahr oder Herbst. Nur die im Herbst auszusäenden Arten können aus Samen echt nachgezogen werden.

**■ PROBLEME** Keine, obwohl *Geranium* x *oxonianum* 'Claridge Druce' eine relativ große Pflanze ist, die bis in einige Entfernung aussamt und so in kleineren Gärten lästig werden kann. *G. himalayense* 'Plenum' wird oft von kleinen, Blätter fressenden Käfern befallen, die das Laub in Spitzendeckchen verwandeln.

**■ MERKMALE** Große Gattung attraktiver und zuverlässiger Pflanzen mit schönen Blüten und attraktiven Blattbüscheln, manchmal mit Herbsttönungen. Idealer Bodendecker unter Rosen, zwischen anderen Gehölzen oder an der Vorderseite einer Rabatte.

---

**GRÖSSE** 30 × 60 cm, wobei einige, neu auf den Markt gekommene Arten nur eine Höhe von 15 cm erreichen.
**STANDORT UND BODEN** Die meisten Arten vertragen Sonne oder leichten Schatten und die meisten Gartenböden. Einige wenige, wie z. B. *G. macrorrhizum*, gedeihen auch an Problemstellen, wie trockenen und schattigen Standorten, während andere wiederum am besten in voller Sonne blühen.
**Unkrautunterdrückungsklasse 3.**
**WINTERHÄRTE** Sehr hart, verträgt −20 °C, falls nicht anders angegeben.

---

*Geranium himalayense*

## Empfohlene Arten

*Geranium himalayense* (syn. *G. grandiflorum*, *G. h.* var. *meeboldii*): vielleicht die großblumigste Spezies, tiefviolettblaue Blüten, dunkelgrünes Blattwerk, 'Plenum' (syn. *G. h.* 'Birch Double'): gefüllte, purpurfarbige Blüten, weniger wuchskräftig als Einzelformen; *G. macrorrhizum* (syn. *G. m.* var. *roseum*): rosa- bis purpurfarbige oder weiße Blüten, hellgrünes Laub, das aromatisch und halb immergrün ist und Herbsttönungen aufweist, 'Bevan's Variety': tiefmagentafarbig mit roten Kelchblättern, 'Ingwersen's Variety': AGM-Preis, weiche, rosarote Blüten, blassgrüne, leicht glänzende Blätter, 'Variegatum': rosafarbige Blüten, graugrünes Laub mit cremefarbigen Markierungen; *G.* x *magnificum* (syn. *G. ibericum* var. *platypetalum*): AGM-Preis, violettblau mit dunklerer Äderung, freie Blüte, Laub hat Herbsttönung, wird oft unter dem Namen der Mutterpflanzen (siehe Synonyme) verkauft; *G.* x *oxonianum* 'Claridge Druce': tiefrosarote Blüten mit dunkleren Adern, Blattwerk ist dunkelgrün und immergrün, samt aus und ist starkwüchsig, mindestens 45 – 60 × 60 cm; *G.* x *riversleaianum* 'Russell Pritchard': AGM-Preis, leuchtend magenta- bis rosafarbig, lange Blüte, kleine, graugrüne Blätter, winterhart, verträgt −15 °C, Krone sollte jedoch in kalten Gegenden geschützt werden, gedeiht am besten in voller Sonne, 25 – 45 × 90 cm; *G. tuberosum*: braucht einen sonnigen Standort mit gut durchlässigem Boden, ideal für einen großen Steingarten, trockenheitsverträgliche Pflanze, die im zeitigen Frühjahr blüht und dann bis zum nächsten Frühjahr in Vegetationsruhe bleibt, mäßig winterhart, verträgt −10 bis −15 °C, nur 20 – 25 cm hoch.

**Geranium macrorrhizum 'Ingwersen's Variety'**

**Geranium x riversleaianum 'Russell Pritchard'**

# STAUDEN UND ALPENPFLANZEN

## *Heuchera* Purpurglöckchen

*„Heucheras sind Pflanzen, die allzu oft vor allem wegen ihrer Nützlichkeit und nicht wegen ihrer Schönheit beschrieben wurden (auch ich gehöre zu den schuldigen Autoren). Wenn man sich aber diese zarten, wogenden Blütenköpfe genau anschaut, die über dem feinen Laub stehen, muss man einfach zugeben, dass diese Pflanzen auch ihren eigenen Charme haben. Außerdem besitzen sie Blätter, die sich wirklich gut ausbreiten und so einen ziemlich überzeugenden Bodendeckerteppich erzeugen."*

■ **PFLEGE** Im Frühjahr mulchen und Volldünger verabreichen. Regelmäßig alle zwei Jahre im Herbst teilen.
■ **VERMEHRUNG** Durch Teilung.
■ **PROBLEME** Blattälchen, Rüsselkäfer.
■ **MERKMALE** Immergrüne Stauden mit sich ausbreitenden, hölzernen Rhizomen. Das Hauptmerkmal sind die Blätter in wirkungsvollen, auch metallischen Farbnuancen. Ihre Form reicht von rundlich über gelappt bis zu leicht muschelförmig. Trägt im Sommer kleine, rote, rosafarbige oder weiße Blütenrispen an drahtigen Zweigen über dem Blattwerk.

> **GRÖSSE** 30 × 35 cm, in der Blütezeit bis 45 – 60 cm hoch.
> **STANDORT UND BODEN** Sonne oder leichter Schatten. Gut durchlüfteter, aber fruchtbarer Boden ist am besten. Falls der Boden dünn oder nährstoffarm ist, sollten organische Stoffe untergegraben werden.
> **Unkrautunterdrückungsklasse 3.**
> **WINTERHÄRTE** Sehr hart, verträgt mindestens −20°C.

> **Empfohlene Arten**
> 'Bressingham Hybrids': rundliche Blätter mit silberner Sprenkelung und purpurfarbiger Tönung, weiße, rosafarbige oder rote Blüten; 'Chocolate Ruffles': große, braune und burgunderrote Blätter; 'Green Ivory': mittelgrüne bis silberfarbige Blätter, grünweiße Blüten, eine hoch wachsende Form, bis zu 60 – 75 cm hoch; 'Persian Carpet': große, rote und purpurfarbige Blätter; 'Pewter Moon': grausilberne Blätter mit rötlich brauner Unterseite, blassrosafarbige Blüten.

*Heuchera 'Pewter Moon'*

## *Hosta*

*„Wenn die Schnecken sie nur in Ruhe lassen würden, könnten Hostas die besten Blätterstauden aller Zeiten sein. Aber es ist nun mal leider so, dass die Weichtiere diese Pflanzen in den meisten Gärten nicht in Ruhe lassen. Wenn man Hostas als Spezies ziehen will, dann sollte man dies am besten in Pflanzkästen tun. Dies bringt natürlich nichts für ihre Funktion als bodendeckende Pflanzen. Um sie als solche einzusetzen, muss man zunächst einen schneckenfreien Garten finden."*

■ **PFLEGE** Im Frühjahr mulchen und Volldünger verabreichen.
■ **VERMEHRUNG** Im Frühjahr oder Herbst teilen.
■ **SCHNITT** Alte Blütenstängel zurückschneiden, sobald sie verwelken. Totes Laub im Herbst entfernen.
■ **PROBLEME** Schnecken, Vergilben der Blätter.
■ **MERKMALE** Krautige Stauden, die wegen ihrer kräftigen Blätterhorste ge-

*Hosta sieboldiana var. elegans*

schätzt werden. Es gibt ein großes Spektrum an Blattfarben, Größen, Wuchsformen und Strukturen. Einige Arten haben einen relativ aufrechten Habitus, aber fast alle sind potenzielle Bodendecker. Tragen im Sommer glockenförmige, lilafarbige oder weiße Blüten.

**GRÖSSE** Unterschiedlich. Die hier empfohlenen Formen sind 60×60–90 cm groß, falls nicht anders angegeben.
**STANDORT UND BODEN** Ideal ist leichter bis mäßiger Schatten. Einige Arten vertragen auch Sonne, wenn der Boden feucht ist. Der Boden sollte nährstoffreich und feucht sein.
**Unkrautunterdrückungsklasse 4 – 5.**
**WINTERHÄRTE** Hart bis sehr hart, verträgt mindestens −15°C.

**Empfohlene Arten**
'Big Daddy': rundliche Blätter, blau mit gekräuselter Struktur; 'Francee': AGM-Preis, herzförmige Blätter, grün mit weißem Rand, gedeiht am besten in leichtem Schatten; 'Frances Williams': AGM-Preis, dicke, gekräuselte, herzförmige Blätter, blaugrün mit gelbem Rand, gedeiht am besten in vollem Schatten; 'Gold Standard': AGM-Preis, ovale bis herzförmige Blätter, dunkelgrün mit gelbgrünem Saum, später goldgelb, gedeiht am besten in leichtem Schatten; 'Shade Fanfare': AGM-Preis, glänzende, ovale Blätter, tiefgrün mit cremeweißem Saum, etwas gekräuselt, 40×60 cm; *Hosta sieboldiana* var. *elegans*: AGM-Preis, große, blaugraue Blätter, die dick und gekräuselt sind; 'Sum and Substance': AGM-Preis, gelbe Blätter, gedeiht am besten in der Sonne, gilt als schneckenverträglich; *H. ventricosa*: glänzende, herzförmige, dunkelgrüne Blätter, dünnes Blattwerk, deshalb am besten im Schatten gedeihend.

## Houttuynia

*„Wenn Sie ihren Gartenboden mit etwas bedecken möchten, das einem Perserteppich zum Verwechseln ähnlich sieht, dann ist dies genau die richtige Pflanze für Sie. Wenn Sie allerdings, so wie ich auch, Blätter vorziehen, die eher grün sind und nicht wie ein Regenbogen aussehen, dann schlage ich vor, etwas anderes zu wählen. Auf alle Fälle brauchen Sie einen feuchten Boden."*

■ **PFLEGE** Im zeitigen Frühjahr mulchen und Volldünger verabreichen.
■ **VERMEHRUNG** Durch Teilung der Rhizome im Frühjahr.
■ **PROBLEME** Kann wuchern. Blätter können wieder grün werden, wenn die Pflanze im Schatten wächst.
■ **MERKMALE** Immergrüne Stauden mit herzförmigen Blättern, die beim Zerdrücken nach Zitrone riechen. Die Kultursorte 'Chameleon' hat bunte Blätter. Die unscheinbaren Sommerblüten besitzen weiße Blütenkelche.

**GRÖSSE** 20 cm × unendlich, 45 cm hoch in der Blüte.
**STANDORT UND BODEN** Sonniger Standort für buntestes Blattwerk. Kalter, feuchter Boden für kräftiges Wachstum. Wächst jedoch langsam an trockenen Stellen.
**Unkrautunterdrückungsklasse 3.**
**WINTERHÄRTE** Hart, verträgt −15 bis −20°C.

**Empfohlene Arten**
*Houttuynia cordata* 'Chameleon' (syn. 'Tricolor'): leuchtendes Blattwerk mit grünen, rot und gelb gesäumten Blättern, weiße Blütenkelche im Sommer.

*Houttuynia cordata* **'Chameleon'**

# STAUDEN UND ALPENPFLANZEN

## *Lamium* Taubnessel

*„Die meisten unter Gärtnern bekannten Taubnesseln treten als einjährige Unkräuter im Gemüsegarten auf. Die hier empfohlenen Arten sind mehrjährig, keine Unkräuter und ziemlich hübsch während ca. drei Viertel des Jahres. Danach können sie etwas unsauber werden. Deshalb sollte man diese Art vielleicht nicht ganz vorn pflanzen.“*

■ **PFLEGE** Nur in geringem Maße erforderlich. Jedoch kann im Frühjahr Volldünger verabreicht werden.

■ **VERMEHRUNG** Durch Teilung im Herbst oder Frühjahr. Durch Aussaat oder halbreife Stecklinge der Stängelspitzen im Sommer.

■ **SCHNITT** Ungepflegtes Laub kann nach der Blüte stark zurückgeschnitten werden, wenn neue, frische Blätter erscheinen.

■ **PROBLEME** Blattfressende Käfer, Blattfleckenkrankheit, Mehltau.

■ **MERKMALE** Immergrüne Stauden, die wegen ihres schönen Blattwerks, das oft hübsche silber- oder goldfarbige Markierungen aufweist, kultiviert werden. Die Blätter sind am besten vom Frühjahr bis zum Herbst. Einige Arten tragen zu-

**GRÖSSE** *L. galeobdolon*: 20–30 cm × 60 cm. *L. maculatum* breitet sich mehr aus und erreicht 15–20 × 1 m.
**STANDORT UND BODEN** Gedeiht am besten in leichtem Schatten, verträgt aber auch Sonne. Wächst in den meisten Böden, ist also auch für nährstoffarme, trockene Stellen geeignet.
**Unkrautunterdrückungsklasse 2–3.**
**WINTERHÄRTE** Sehr hart, verträgt mindestens −20 °C.

sätzlich auch noch Blüten, die sehr lange vom späten Frühjahr bis zum Frühherbst stehen bleiben.

**Empfohlene Arten**
*Lamium galeobdolon* (syn. *Galeobdolon luteum*, *Lamiastrum galeobdolon*, Florentiner Goldnessel): immergrüne Pflanze mit herzförmigen Blättern, gelbe Blüten, 'Herman's Pride': schmale, gezähnte Blätter mit Silberstreifen, blüht selten, 'Silberteppich' (syn. 'Silver Carpet'): mehr horstartig als kriechend, silberfarbiges Laub, blüht selten; *L. maculatum*: grüne Blätter mit weißem Mittelstreifen, rote oder purpurfarbige Blüten, 'Aureum': goldfarbige Blätter mit weißem Streifen, rosafarbige Blüten, 'Pink Pewter': silberfarbiges, buntes Laub, blassrosafarbige Blüten, 'Roseum' (syn. 'Shell Pink'): weiß gestreifte Blätter, blassrosafarbige Blüten, 'White Nancy': AGM-Preis, silberfarbige, grün gesäumte Blätter, weiße Blüten.

## *Lysimachia* Felberich

*„Lysimachia gehört zu den weniger geschätzten Gattungen für krautige Rabatten. Diese Missachtung liegt daran, dass diese Pflanzen für viele Leute viel zu einfach zu kultivieren sind. Ich persönlich mag sie jedoch und finde sie sehr nützlich, obwohl vielleicht nicht so nützlich und hübsch wie diese herrliche, flach wachsende verwandte Art. Der schöne Anblick, den diese bietet, wenn sie in einem Garten den Boden und Steine überdeckt, wird nur dann übertroffen, wenn man sie am Ufer eines natürlichen Wasserlaufs findet, wo sie die gleiche Bodendeckung erzeugt.“*

*Lamium galeobdolon* 'Silberteppich'

■ **PFLEGE** Keine spezielle Pflege erforderlich. Volldünger im Frühjahr ist jedoch vorteilhaft. Die Pflanzen wachsen auf allen Böden, am besten jedoch in fruchtbarer, feuchter Erde.

> **GRÖSSE** *L. nummularia* erreicht 5 × 40 cm.
> **STANDORT UND BODEN** Sonne oder Schatten. Viele Formen vertragen Trockenheit relativ gut. Die bodendeckende Form ist jedoch eine natürliche Uferpflanze und wächst am besten unter feuchten Bedingungen.
> **Unkrautunterdrückungsklasse 3.**
> **WINTERHÄRTE** Sehr hart, verträgt mindestens −20 °C.

■ **VERMEHRUNG** Durch Teilung im Herbst oder Frühjahr. Aussaat im Frühjahr.
■ **PROBLEME** Keine.
■ **MERKMALE** Vielfältige Gattung mit Spezies, die sich in Größe und Wuchsform sehr unterscheiden. Die hier empfohlene, bodendeckende Form ist immergrün und etwas wuchernd, mit Blüten im Frühsommer.

> **Empfohlene Arten**
> *Lysimachia nummularia* (Pfennigkraut): niederliegend, leuchtend grüne Blätter, gelbe Blüten, 'Aurea': goldblättrige Variante, braucht aber Sonne für den Erhalt der Farbe.

*Lysimachia nummularia*

## Mentha  Minze

*„Das Aroma der Minze gehört zu den Freuden jedes Kräutergartens, und wenn ich unter den über ein Dutzend Arten auszuwählen hätte, die die Gattung* Mentha *umfasst, dann würde ich mich wahrscheinlich für die klare Frische der Pfefferminze entscheiden. Dieses kleinste Mitglied der Gruppe, das als Kräuterpflanze wertlos ist, enthält Pfefferminze im Überfluss, und seine Blätter bilden ein samtähnliches Polster, von dem Düfte aufsteigen, wenn man darüber läuft."*

■ **PFLEGE** Keine spezielle Pflege erforderlich. Volldüngergabe im Frühjahr jedoch vorteilhaft.
■ **VERMEHRUNG** Teile der Ausläufer bewurzeln leicht. Die Pflanzen können auch im Frühjahr oder Herbst geteilt werden.
■ **PROBLEME** Rost.
■ **MERKMALE** Aromatische, Ausläufer bildende Stauden, die wegen ihres Blattwerks kultiviert werden. Die hier empfohlene Spezies ist ein kleines Prachtstück mit winzigen Blättern und zierlichen Sommerblüten.

> **GRÖSSE** *M. requienii*: 1 cm × unendlich
> **STANDORT UND BODEN** Gedeiht am besten in leichtem Schatten und auf feuchtem Boden.
> **Unkrautunterdrückungsklasse 4.**
> **WINTERHÄRTE** Hart, verträgt −15 bis −20 °C.

> **Empfohlene Arten**
> *Mentha requienii* (syn. *M. corsica*, Korsische Minze): kriechender Stängel, winzige, leuchtend grüne Blätter mit Pfefferminzaroma, äußerst kleine, lilafarbige Blüten.

# STAUDEN UND ALPENPFLANZEN

## Mimulus Gauklerblume

*„Mimulus sind lose strukturierte Pflanzen mit deutlichen Farben und einem relativ ungepflegten Aussehen. Dadurch gehören sie nicht zur ersten Wahl, wenn es darum geht, den Garten zu verschönern. Viele Leute lieben sie aber, und wenn sie einen leuchtenden, fröhlichen Bodendecker für einen Sumpfgarten oder eine ähnlich feuchte Stelle suchen, dann ist Mimulus wahrscheinlich dafür besser als andere Pflanzen geeignet."*

■ **PFLEGE** Im Frühjahr mulchen und Volldünger verabreichen.
■ **VERMEHRUNG** Kann leicht durch Aussaat im Herbst oder Frühjahr gezogen werden. Auch durch Ausgraben und Teilung im Frühjahr möglich.

■ **PROBLEME** Keine.
■ **MERKMALE** Krautige und kurzlebige Stauden, die wegen ihrer Sommerblüten kultiviert werden. Jede röhrenförmige Blüte besitzt zwei Lippen und einen Beutel und zieht Bienen und andere Insekten an.

**GRÖSSE** Gartenhybriden: 30 × 40 cm. *M. primuloides:* 10 × 50 cm.
**STANDORT UND BODEN** Leichter Schatten und vorzugsweise nasser oder feuchter, leicht saurer Boden, der reich an organischen Stoffen ist.
**Unkrautunterdrückungsklasse 2.**
**WINTERHÄRTE** Gartenhybriden vertragen −5 °C, *M. primuloides* bis zu −15 °C.

**Empfohlene Arten**
*Mimulus:* Gartenhybriden sind zarte Stauden, die oft als einjährige Pflanzen kultiviert werden, Blütenfarben in verschiedenen Rot-, Orange- und Gelbnuancen, oft mit attraktiven Markierungen; *M. primuloides:* krautige Staude, sich ausbreitender Habitus, hell- bis mittelgrüne Blätter, kleine, gelbe Blüten.

*Mimulus primuloides*

## Myosotis Vergissmeinnicht

*„Obwohl ich Myosotis, die Vergissmeinnicht-Arten, im Vergleich mit Brunnera nachteilig beurteilt habe (siehe S. 66), gibt es eine Ausnahme, die man pflanzen kann, wenn man einen feuchten Garten hat. Es ist keine gepflegte, saubere Pflanze und sie hat auch keine großen, auffälligen Blüten und Blätter. Wenn sie allerdings in mehreren Exemplaren eng beieinander gepflanzt wird, erzeugen die Blätter und Stängel ein recht wirksames Geflecht, das Unkräuter erstickt."*

■ **PFLEGE** Abgestorbene Stängel im Herbst zurückschneiden.
■ **VERMEHRUNG** Durch Teilung im Frühjahr. Durch Entfernung ausgesamter Setzlinge kann ein kräftiges Wachstum der Pflanzen gewährleistet werden.
■ **PROBLEME** Mehltau, Blattläuse.

■ **MERKMALE** Eine Wassergartenversion des bekannten Vergissmeinnichts, mit einem kriechenden, aber nicht wucherndem Habitus. Die Pflanze hat kleine, haarige, leuchtend grüne Blätter und trägt im Sommer kleine, blaue Blüten. Sie ist Laub abwerfend, behält aber zumeist ihr Blattwerk, außer in sehr kalter Witterung.

*Myosotis scorpioides*

**GRÖSSE** *M. scorpioides:* 25 cm × 1 m.
**STANDORT UND BODEN**
Volle Sonne bis mäßiger Schatten und feuchter bis morastiger Boden.
**Unkrautunterdrückungsklasse 2.**
**WINTERHÄRTE** Sehr hart, verträgt −20 °C.

**Empfohlene Arten**
*Myosotis scorpioides* (syn. *M. palustris* ; Donau-Vergissmeinnicht):rhizomförmiger, loser Habitus, haarige Blätter, himmelblaue Blüten, die in der Mitte gelb sind.

## *Nandina* Himmelsbambus

*„Ich wies bereits darauf hin, dass Bambuspflanzen eine ganze Menge Nachteile für Gärten in gemäßigten Klimazonen besitzen (siehe S. 54). Trotzdem habe ich schon oft diese relativ fremde Pflanze empfohlen, wenn es darum ging, etwas mit zuverlässiger Winterhärte zu finden, das ein exotisches Gefühl vermittelt."*

■ **PFLEGE** Im Frühjahr leicht mulchen und Volldünger verabreichen. Alte oder im Winter beschädigte Sprosse bis auf Erdbodenhöhe zurückschneiden.
■ **VERMEHRUNG** Durch Teilung der Pflanzen im Frühjahr, Aussaat im Herbst oder Weichholzstecklinge im Spätsommer oder Frühherbst.
■ **PROBLEME** Keine.
■ **MERKMALE** Sieht oberflächlich wie eine kleine Bambuspflanze aus, gehört aber in Wirklichkeit zur Berberisfamilie. Wird wegen des halb immergrünen oder immergrünen Laubs kultiviert, trägt aber auch bogenförmige Blütenköpfe im Sommer und manchmal Früchte.

**GRÖSSE** *N. domestica:* 80 × 80 cm nach 5 Jahren, wächst dann langsam bis auf 1,5 × 1,5 m nach 10 Jahren.
**STANDORT UND BODEN**
Sonne oder leichter Schatten an einer geschützten Stelle. Gedeiht in den meisten Gartenböden, verträgt allerdings keinen schweren, nassen Boden.
**Unkrautunterdrückungsklasse 2–3.**
**WINTERHÄRTE** Hart, verträgt ca. −15 °C.

**Empfohlene Arten**
*Nandina domestica*: AGM-Preis, Horst aus blättrigen Stängeln, Laubwerk mit rotgrünen Blättern, die im Herbst eine starke rot-orangefarbige Tönung annehmen, große Rispen cremeweißer Blüten im Sommer, rote Früchte in heißen Sommern und wenn mehrere Pflanzen zusammen angebaut werden.

*Nandina domestica*

## Nepeta

„*Der Name* Nepeta *wird landläufig für eine lange, Ausläufer bildende Pflanze verwendet, die man vor allem in hängende Körbe pflanzt. In Wirklichkeit handelt es sich bei dieser Spezies um eine Form der einheimischen* Glechoma hederacea *( Bodenefeu), die auch als Bodendecker infrage kommen könnte, obwohl ich sie nicht gern empfehle, da viele Menschen gegenüber den Blättern allergisch sind. Die wirkliche, hier vorgestellte* Nepeta *ist wahrscheinlich bekannter unter ihrem volkstümlichen Namen Katzenminze.*"

■ **PFLEGE** Im Frühjahr leicht mulchen und Volldünger verabreichen. Im Herbst stark bis auf Bodenhöhe zurückschneiden.

■ **VERMEHRUNG** Durch Ausgraben und Teilung der Pflanzen im Frühjahr. Aussaat der Spezies im Frühjahr.

■ **PROBLEME** Katzen, die von der Pflanze unwiderstehlich angezogen werden. Sie wälzen sich darin und fressen sie an. Das Berühren der Blätter kann bei einigen Menschen Hautausschlag hervorrufen.

**GRÖSSE** Unterschiedlich, liegt aber im Bereich von 30 cm – 1 m × 30 cm – 1 m.
**STANDORT UND BODEN** Volle Sonne und gut durchlüfteter Boden.
**Unkrautunterdrückungsklasse 3 – 4.**
**WINTERHÄRTE** Unterschiedlich. Die hier empfohlenenen Formen sind jedoch hart bis sehr hart und vertragen −20 °C.

■ **MERKMALE** Krautige Stauden mit einem losen, sich ausbreitenden Habitus. Das schönste Merkmal sind die im Sommer in Weiß-, Blau- und Purpurschattierungen erscheinenden Blüten. Das Laub ist graugrün und aromatisch.

**Empfohlene Arten**
*Nepeta cataria* (Katzenminze): Spezies, die Katzen am meisten anlockt, aromatische, graugrüne Blätter, weiße Blüten, 75 × 30 cm nach 3 Jahren, später 1 m × 60 cm; *N. racemosa* (syn. *N. reichenbachiana*): kriechende Wuchsform, aromatische, graugrüne Blätter, tiefviolette oder lilablaue Blüten, 30 × 60 cm, 'Snowflake': weiße Blüten.

*Nepeta racemosa*

## Omphalodes

„*Omphalodes war eine der ersten Pflanzen, die ich in meinem Garten angebaut habe. Ich hatte ein kleines, relativ deutlich sichtbares Beet vor dem Haus, das „schwierig" war, wie die Gärtner so sagen. Die Stelle war schattig und trocken. Ich erhöhte die Bodenfeuchtigkeit, aber am Schatten konnte ich nichts ändern. Dann pflanzte ich dort Omphalodes, weil mir die Pflanze gefiel. Sie breitete sich herrlich aus und steht immer noch dort.*"

■ **PFLEGE** Im Frühjahr mulchen und Volldünger verabreichen. Gebräuntes Laub ist im zeitigen Frühjahr wegzuschneiden.

■ **VERMEHRUNG** Durch Teilung der Pflanzen im Frühjahr oder Herbst, Aussaat im Frühjahr oder durch Fußstecklinge im Frühsommer.

■ **PROBLEME** Keine.

*Omphalodes cappadocica*

■ **MERKMALE** Krautige, fast immergrüne Stauden, die wegen ihrer Fülle an blauen Blüten kultiviert werden.

**GRÖSSE** *O. cappadocica*: 25 × 30 – 45 cm.
**STANDORT UND BODEN** Schattige Stelle und relativ feuchter, humusreicher Boden.
**Unkrautunterdrückungsklasse 3.**
**WINTERHÄRTE** Sehr hart, verträgt −20 °C und darunter, kann jedoch durch kalten Wind braun werden.

**Empfohlene Arten**
*Omphalodes cappadocica*: AGM-Preis, kriechender Ausläufer, glänzende, ovale, grüne Blätter, verzweigte Rispen stahlblauer Blüten im Frühjahr und noch ein paar weitere im Spätsommer, die farblich beste Form.

## *Origanum* Dost, Wilder Majoran

„*Nicht viele Küchenkräuter sind auch als bodendeckende Pflanzen geeignet. Dies liegt vor allem daran, dass sie nach einigen Jahren unsauber werden und ersetzt werden müssen. Auch Dost sollte am besten ziemlich oft ausgegraben und geteilt werden, obwohl die Pflanze sauberer als die meisten anderen Arten ist. Und im Frühling ist die goldfarbige Form absolut herrlich.*"

■ **PFLEGE** Im Frühjahr leichte Volldüngergabe verabreichen. Im Herbst stark bis auf Bodenhöhe zurückschneiden.
■ **VERMEHRUNG** Durch halb reife Stecklinge im Sommer oder Frühherbst.

**GRÖSSE** Unterschiedlich im Bereich von 20 – 45 cm × 20 – 30 cm.
**STANDORT UND BODEN** Volle Sonne oder leichter Schatten, goldfarbige Formen wachsen am besten in leichtem Schatten. Verträgt die meisten Böden, jedoch sind fruchtbare und gut durchlüftete Stellen vorzuziehen.
**Unkrautunterdrückungsklasse 2 – 3.**
**WINTERHÄRTE** Unterschiedlich. jedoch ist die hier empfohlenen Form sehr hart und verträgt −20 °C.

■ **PROBLEME** Muss eventuell alle drei bis vier Jahre erneuert werden.
■ **MERKMALE** Aromatische, krautige Stauden mit kleinen Blättern in verschiedenen Grün- oder Goldschattierungen. Kleine, weiße oder purpurfarbige Blüten erscheinen im Sommer und ziehen Bienen an.

**Empfohlene Arten**
*Origanum vulgare* 'Aureum' (Goldfarbiger Wilder Majoran): AGM-Preis, goldbelaubte Form, Blätter werden im Spätsommer grüner, Blüten unbedeutend, 30 × 30 cm.

*Origanum vulgare* 'Aureum'

## *Persicaria* Knöterich

*„Wenn man von Knöterich spricht, denken manche Leute sofort an den Japanischen Knöterich und ihr Interesse an Bodendeckern lässt schnell nach. Obwohl die hier empfohlenen Pflanzen auch enge Verwandte dieser Art sind, gehören sie doch zu einer anderen, insgesamt zivilisierteren Kategorie. Sie sind vergleichsweise flacher und langsamer wachsend."*

■ **PFLEGE** Wenig spezielle Pflege erforderlich, jedoch kann im Frühjahr Volldünger verabreicht werden.

■ **VERMEHRUNG** Zucht der Spezies durch Aussaat im Frühjahr oder durch Ausgraben und Teilung der Pflanzen im Herbst oder Frühjahr.

■ **SCHNITT** Verwelkte Blüten sind am Ende der Saison zu entfernen.

■ **PROBLEME** Kann wuchern, wenn sie nicht alle zwei Jahre ausgegraben und geteilt wird.

■ **MERKMALE** Leicht zu kultivierende, krautige Stauden mit langer Blüte in rosafarbigen, roten oder weißen Schattierungen. Einige Arten haben Laub mit Herbsttönung.

> **GRÖSSE** Sehr unterschiedlich (siehe Empfohlene Arten).
> **STANDORT UND BODEN** Volle Sonne oder leichter Schatten und jeder feuchte, aber gut durchlüftete Boden.
> **Unkrautunterdrückungsklasse 3.**
> **WINTERHÄRTE** Sehr hart, verträgt −20 °C.

> **Empfohlene Arten**
> *Persicaria bistorta* (syn. *Polygonum bistorta*, Wiesenknöterich): dichter und schnell wachsender Horst, hellgrüne Blätter, ährenartige, blassrosafarbige oder weiße Blütensporne im Frühsommer, 75 × 60 cm, 'Superba': AGM-Preis, hellrosafarbige Blüten; *P. campanulata* (Glockenknöterich): kompaktes Polster, gerippte, mittelgrüne Blätter mit blassbrauner Unterseite, verzweigte, blassrosafarbige Blütentrauben vom Spätsommer bis Frühherbst, 1 m × 1 m; *P. vacciniifolia*: AGM-Preis, kriechendes Polster, spitze, lederartige Blätter mit Herbsttönung, rosafarbige Blütensporne vom Spätsommer bis zum Frühherbst, 20 × 60 cm.

*Persicaria bistorta* 'Superba'

## *Petasites* Pestwurz

*„Die Rote Pestwurz, Petasites hybridus, gehört zu den Gerüchen meiner Kindheit, denn sie wuchs in großer Fülle zwischen dem Fluss und der Eisenbahnböschung, wo wir standen, um die vorbeifahrenden Dampfzüge zu fotografieren. Obwohl die Pflanze dort den Boden gut bedeckte, würde ich nur ungern etwas, das einen so scharfen Geruch hat, als Gartenpflanze empfehlen. Die beiden hier genannten, mit ihr verwandten Arten sind zwar keine großen Schönheiten, aber sie haben mehr Charme und bieten mit Sicherheit eine wirksame und robuste Bodendeckung an wilderen Stellen."*

■ **PFLEGE** Keine spezielle Pflege erforderlich, kann jedoch im Frühjahr gemulcht und mit Volldünger gedüngt werden. Verwelkende Blüten sind abzuschneiden.

■ **VERMEHRUNG** Durch Teilung im Herbst oder Frühjahr.

■ **PROBLEME** Kann stark wuchern.

■ **MERKMALE** Früh blühende Stauden mit kleinen Blütenköpfen und großen, fast rhabarberähnlichen Blättern.

> **GRÖSSE** *P. fragrans*: 30 cm × 1,2 m, *P. japonicus giganteus*: 1 × 2,5 m.
> **STANDORT UND BODEN** Vorzugsweise schattige, feuchte Stellen. Gut am Rande eines Wassergartens.
> **Unkrautunterdrückungsklasse 3.**
> **WINTERHÄRTE** Unterschiedlich. *P. fragans* ist bedingt hart und verträgt ca. −5 °C, jedoch können die oberen Sprosse in einem harten Winter absterben. *P. japonicus* var. *giganteus* ist hart und verträgt −15 bis −20 °C.

*Petasites fragrans*

## Phlox

*„Phlox ist auch eine dieser Gattungen mit großen und kleinen Arten. Sie umfasst große, stämmige Rabattenstauden, kleine, einjährige Beetpflanzen und eine Hand voll Alpenpflanzen, von denen ich hier eine empfehle. Auch dies ist eine Pflanze, die man nicht in einen kleinen Alpenkübel pflanzen sollte, aber die wunderbar ist, wenn man eine Alpenwiese anlegen möchte."*

■ **PFLEGE** Keine spezielle Pflege erforderlich. Volldüngergabe im Frühjahr ist jedoch von Vorteil. Nach der Blüte leicht ausschneiden, um die Pflanze sauber zu halten.

■ **VERMEHRUNG** Durch halb reife Stecklinge im Sommer (oft ist es möglich, ein kleines, bewurzeltes Stück an der Stängelbasis zu entfernen).

■ **PROBLEME** Keine bei den flach wachsenden, mehrjährigen Formen.

■ **MERKMALE** Vielfältige Gattung, hat aber auch flach wachsende Staudenformen, die als Bodendecker verwendet werden können. Diese haben einen kissen- oder polsterähnlichen Habitus und tragen eine Fülle kurzstängeliger Blüten vom zeitigen Frühjahr bis zum Frühsommer.

**GRÖSSE** 8 × 30 cm.
**STANDORT UND BODEN**
Volle Sonne und gut durchlüfteter Boden erforderlich.
**Unkrautunterdrückungsklasse 2.**
**WINTERHÄRTE** Sehr hart, verträgt −20 °C.

**Empfohlene Arten**
*Phlox douglasii*: hat zahlreiche Arten, einige davon kompakter als die Spezies, die angebotenen spezifischen Farben umfassen rosafarbige, violette, rote und weiße Schattierungen.

*Phlox douglasii*

## Phuopsis

*„Es gibt zwei Gartenpflanzen, durch deren Geruch man denken könnte, dass Füchse im Garten sind. Die Kaiserkrone (Fritillaria imperialis) ist eine der beiden, wobei man ihre Zwiebeln bewegen muss, damit sich das Aroma bildet. Die andere Pflanze ist Phuopsis, und sie braucht keine besondere Stimulierung. Schon oft konnte ich beobachten, wie Besucher in meinem eigenen Garten vor einem Horst dieser Pflanzen standen, und sich fragten, ob da nicht ein Fuchs in der Nähe sei. Neben diesem Geruchsaspekt handelt es sich hier um eine hübsche, relativ zierlich erscheinende, aber dennoch robuste Pflanze, die mit dem wilden Labkraut verwandt ist."*

■ **PFLEGE** Eine Volldüngergabe im Frühjahr ist von Vorteil. Um die Pflanze sauber zu halten, sollte man sie nach der Blüte zurückschneiden.

■ **VERMEHRUNG** Durch Teilung im Frühjahr oder halb reife Stecklinge im Frühsommer. Aussaat der Spezies im Herbst.
■ **PROBLEME** Keine.

■ **MERKMALE** Es gibt nur eine Spezies, eine flach wachsende, sehr aromatische, winterharte Staude mit einem Teppich aus Sommerblüten, die Schmetterlinge anziehen. Die Pflanzen sterben zumeist im Winter ab, in milden Gegenden behalten sie jedoch ihr Laub.

**GRÖSSE** 15×50 cm.
**STANDORT UND BODEN**
Volle Sonne oder leichter Schatten. Gut durchlüfteter Boden erforderlich.
**Unkrautunterdrückungsklasse 3.**
**WINTERHÄRTE** Sehr hart, verträgt −20 °C.

**Empfohlene Arten**
*Phuopsis stylosa* (syn. *Crucianella stylosa*): blassgrüne Blätter, rosafarbige, röhrenförmige Blüten, scharfer Fuchsgeruch, 'Purpurea': tiefer purpurrosafarbige Blüten.

*Phuopsis stylosa* 'Purpurea'

## Prunella  Braunelle

*„Weniger als Gartenpflanze denn als Wildpflanze in Form der einheimischen Prunella vulgaris bekannt, ist dies dennoch eine Gattung hübscher, Polster bildender Pflanzen, die sich im Rasen am heimischsten fühlen. Allerdings sollte man wissen, dass sie, ähnlich wie Nepeta, bei bestimmten Menschen Hautallergien hervorrufen können."*

■ **PFLEGE** Im Frühjahr Volldünger verabreichen, gut mulchen und in Trockenperioden wässern. Die welken Blütenköpfe sind zu entfernen, um ein Aussamen zu verhindern. Vorsicht beim Umgang, da die Pflanze bei bestimmten Menschen Hautausschlag hervorruft.
■ **VERMEHRUNG** Durch Teilung im Frühjahr oder Herbst. Aussaat der Arten im Frühjahr.

*Prunella vulgaris*

**■ PROBLEME** Schnecken, kann sehr stark wuchern.

**■ MERKMALE** Kriechende, krautige oder halb immergrüne Stauden, die ein leicht kultivierbares, Unkraut unterdrückendes Polster bilden. Die kleinen Blütensporne in Rosa, Purpur oder Weiß erscheinen vom Hochsommer an.

**GRÖSSE** 30 cm × 1 m.
**STANDORT UND BODEN**
Sonne oder Halbschatten. Verträgt die meisten Böden, sollte aber vor allem in wilderen Teilen des Gartens angepflanzt werden.
**Unkrautunterdrückungsklasse 3.**
**WINTERHÄRTE** Sehr hart, verträgt −20°C.

---

**Empfohlene Arten**
*Prunella grandiflora* (syn. *P. x webbiana*): tiefgrüne Blätter, purpurfarbige Blüten in aufrechten Spornen, 'Loveliness': rosafarbige Blüten, 'White Loveliness': weiße Blüten; *P. laciniata*: tief gekerbte Blätter, cremefarbige Blüten; *P. vulgaris* (syn. *P. incisa*): tief gekerbte Blätter, tiefpurpurfarbige Blüten.

## *Pulmonaria* Lungenkraut

„Gemeinsam mit dem Gelb der Himmelschlüsselchen ist das Erscheinen der leuchtend blauen Blüten von Pulmonaria eines der erfreulichsten Zeichen des Frühlings in meinem Garten. Jedoch habe ich ihren Wert als Bodendecker erst schätzen gelernt, nachdem ich eine relativ große Pulmonariapflanzung angelegt hatte und feststellen konnte, wie sie nach ein paar Jahren ineinander verwachsen."

**■ PFLEGE** Die Pflanzstelle muss bei der Vorbereitung gut mit organischen Stoffen versorgt werden, da die Pflanzen keine Trockenheit vertragen. Im Frühjahr ist Volldünger zu verabreichen und ungepflegt aussehendes oder gebräuntes Laub ist abzuschneiden.

**GRÖSSE** 15 – 25 × 30 – 45 cm.
**STANDORT UND BODEN**
Gedeiht am besten auf feuchten Böden im Halbschatten. Nur in die volle Sonne pflanzen, wenn der Boden im Sommer feucht gehalten wird. *P. angustifolia* zieht jedoch einen offenen Standort und relativ leichten Boden vor.
**Unkrautunterdrückungsklasse 3.**
**WINTERHÄRTE** Sehr hart, verträgt −20°C.

---

**Empfohlene Arten**
*Pulmonaria angustifolia*: AGM-Preis, blüht am zeitigsten mit leuchtend blauen Blüten, glatte, grüne Blätter, 'Munstead Blue': tiefblaue Blüten; *P. officinalis*: herzförmige Blätter mit blassgrünen oder weißen Flecken, tiefrosafarbige Knospen, aus denen Blütentrauben entspringen, die ihre Farbe von rosa zu violettblau ändern, 'Sissinghurst White': AGM-Preis, wuchskräftig, blassrosafarbige Knospen, weiße Blüten; *P. rubra* (syn. *P. angustifolia* 'Rubra', *P. officinalis* subsp. *rubra*): AGM-Preis, wuchskräftig, große, glatte, grüne Blätter, frühe rosarote Blüten, 45 × 1 m, 'Barfield Pink': weniger wuchskräftig, weiß und rosafarbig gestreifte Blüten; *P. saccharata*: Argentea-Gruppe, AGM-Preis, immergrünes Laub, mit vielen silber- und rosafarbigen Blüten übersät.

**■ VERMEHRUNG** Die Teilung im Herbst ist die beste Methode. Aber die Arten können auch im Frühjahr im Freiland ausgesät werden.

**■ PROBLEME** Echter Mehltau.

**■ MERKMALE** Hübsche, früh blühende Stauden für schattige Stellen. Sie sind leicht zu kultivieren, und die meisten Arten tragen fast das ganze Jahr über attraktive Blätter.

*Pulmonaria* 'Munstead Blue'

# STAUDEN UND ALPENPFLANZEN

## Saxifraga

*„Vergessen Sie diese kleinen, horstbildenden Alpenpflanzen, die in ihrem Blumenkasten oder Steingarten wachsen, und denken Sie an eine der größeren, robusteren Arten dieser sehr großen Gattung (über 300 Arten). 'London Pride' ist sicher eine alte Art und gehört zu den Pflanzen, die unsere Eltern und Großeltern schon in ihrem Garten hatten. Aber was mich betrifft, so hat die Zeit weder ihre Qualitäten noch ihren Wert geschmälert."*

■ **PFLEGE** Keine spezielle Pflege erforderlich. Eine Volldünger- oder Knochenmehlgabe im Frühjahr ist jedoch von Vorteil. Die Blütenstängel sind im zeitigen Frühjahr abzuschneiden, nachdem die Blüte vorbei ist.

■ **VERMEHRUNG** Blattrosetten abschneiden und als Stecklinge vom späten Frühjahr bis zum Frühsommer einpflanzen.

■ **PROBLEME** Keine.

■ **MERKMALE** Große Gattung Kissen oder Rosetten bildender Steingartenpflanzen. S. x urbium ist jedoch eine leichte und

**GRÖSSE** 10 × 60 cm nach 3 Jahren, während der Blüte 25 – 30 cm hoch. Unendliche, aber leicht zu kontrollierende Ausbreitung.
**STANDORT UND BODEN** Verträgt die meisten Standorte und Böden, ist aber ideal für leichten Schatten.
**Unkrautunterdrückungsklasse 2 – 3.**
**WINTERHÄRTE** Sehr hart, verträgt −20 °C und darunter.

wuchskräftigere Form, die man als attraktiven Bodendecker verwenden kann. Sie trägt das ganze Jahr über frisches, grünes Laub in Form von Blattrosetten. Im Frühsommer erscheinen luftige Trauben blassrosafarbiger oder weißer Blüten.

**Empfohlene Arten**
*Saxifraga* x *urbium* (syn. *S. umbrosa*, 'London Pride'): AGM-Preis, frische, grüne Blattrosetten, kleine, sternenförmige Blüten überdecken die Pflanze im späten Frühjahr.

## Sedum Mauerpfeffer

*„Wie Saxifraga gehört auch Sedum zu den Steingartengattungen und besitzt ebenfalls einige größere, robustere Arten. Bestimmte Formen vermehren sich auf eine etwas besondere Art und Weise: Kleine Teile brechen leicht ab und wurzeln daneben wieder an, so wie aussamende Setzlinge. Dies sollte man beachten, wenn man diese bodendeckenden Pflanzen in seinen Garten bringt."*

■ **PFLEGE** Keine spezielle Pflege erforderlich. Allerdings ist eine Volldünger- oder Knochenmehlgabe im Frühjahr von Vorteil.

■ **VERMEHRUNG** Durch Teilung oder Stecklinge nicht blühender Triebe im Frühjahr. Aussaat der Arten ebenfalls im Frühjahr.

■ **PROBLEME** Blattläuse, Mehlläuse, Rüsselkäfer.

■ **MERKMALE** Sukkulenten unterschiedlicher Grösse und Wuchsformen, ideal für trockene Stellen. Hauptmerkmal ist die Farbe und Struktur der Blätter. Viele Arten tragen aber auch sternenförmige Blüten vom Sommer bis zum Herbst.

*Saxifraga x urbium*

### Empfohlene Arten

*Sedum acre* (Mauerpfeffer): kriechendes, immergrünes Polster, das leicht in Stängelsetzlinge zerfällt, die sich weit ausbreiten. Blassgrünes Blattwerk, gelbe Blüten im Frühsommer, 5×15 cm; *S. album*: sich ausbreitende Wuchsform, zigarrenförmige, glänzende Blätter, weiße Blüten im Hochsommer, immergrüne Pflanzen, die aber jeden Herbst stark zurückgeschnitten werden sollten, 15×30 cm, dann jährliche Ausbreitung von 30 cm; *S. anacampseros*: kriechende Knolle mit lose strukturierten Stängeln, lange, fleischige, blaugrüne Blätter, halb immergrün, purpurfarbige Blüten vom Hoch- bis zum Spätsommer, 10 cm×1 m bis unendlich; *S. cauticola*: AGM-Preis, krautige, ungepflegte Wuchsform mit kriechenden Stängeln, fleischige, blaugrüne Blätter mit purpurfarbiger Tönung, purpurfarbige Blüten im Herbst, 10×30 cm; *S. kamtschaticum* var. *floriferum* 'Weihenstephaner Gold': halb immergrün, lose strukturierte, fleischige Stängel, mittelgrüne Blätter, massenhaft blühende Triebe mit tiefgelben Blüten vom Sommer bis Mitte Herbst, 10×60 cm; *S. rupestre* (syn. *S. forsterianum*, *S. reflexum*): immergrünes Polster, fleischige, blaugrüne Blätter, gelbe Blüten im Hochsommer, 20×60 cm; *S. sexangulare*: schlanke, kriechende Stängel, immergrünes Polster mit grünen Blättern, gelbe Blüten im Sommer, 8×60 cm.

**GRÖSSE** Höhe 5–20 cm, Ausbreitung 15 cm bis unendlich.
**STANDORT UND BODEN**
Vorrangig sonnige Stellen, jedoch liebt *S. cauticola* auch leichten Schatten. Alle Böden, außer kalte und nasse. Verträgt trockene Standorte.
**Unkrautunterdrückungsklasse 2.**
**WINTERHÄRTE** Sehr hart, verträgt −20°C und darunter.

*Sedum rupestre*

## Stachys Ziest

„*Stachys kommt als Bodendecker besonders gut bei Kindern an. Sie streicheln gern die weichen, wolligen Blätter, als ob es ein kleines Kaninchen oder Lämmchen wäre. Daher erklärt sich auch der volkstümliche Name im Englischen – Lammohren oder Lammzunge. Die Pflanze gehört mit Sicherheit zu den ungewöhnlichen, spezifischen Bodendeckern, und ihr einziger wirklicher Nachteil besteht darin, dass diese weichen, wolligen „Ohren" manchmal unschöne Flecken aufweisen.*"

■ **PFLEGE** Im Frühjahr Volldünger verabreichen und Blütenköpfe abschneiden, um die Wirkung eines silbernen Teppichs zu erhalten.
■ **VERMEHRUNG** Durch Teilung oder Aussaat im Frühjahr.
■ **PROBLEME** Blattflecken, Fäule.

■ **MERKMALE** Krautige Staude mit silbergrauem Laubteppich. Die Blüten sollte man entfernen oder nicht blühende Formen pflanzen.

**GRÖSSE** 40×50 cm.
**STANDORT UND BODEN**
Volle Sonne und jeder gut durchlüftete Boden. Gute Pflanze für trockene oder an der Küste gelegene Gärten.
**Unkrautunterdrückungsklasse 3 – 4.**
**WINTERHÄRTE** Sehr hart, verträgt −20°C.

### Empfohlene Arten

*Stachys byzantina* (syn. *S. lanata*, Wollziest): dichtes Polster aus wolligem, grünem Laub, winzige, malven- bis rosafarbige Blüten auf blattähnlichen Spornen im Sommer, 'Silver Carpet': silberfarbiges Blattwerk und keine Blüten.

*Stachys byzantina* 'Silver Carpet'

# STAUDEN UND ALPENPFLANZEN

## Symphytum  Beinwell

„Selbst mit größter Fantasie könnte man nicht behaupten, dass Beinwell eine attraktive Gartenpflanze ist. Sie ist so ziemlich die „funktionellste" aller Pflanzen, die ich kenne. Viele Gärtner bauen sie nur deshalb an, um daraus Kompost zu machen. Es gibt jedoch auch ein paar etwas ansprechendere Arten, und wenn sie einen groben, funktionellen Bodendecker für einen Bereich ihres Gartens suchen, in dem Ästhetik keine Rolle spielt, dann ist diese Pflanze richtig."

■ **PFLEGE** Keine spezielle Pflege erforderlich. Bei trockenem Boden ist jedoch während des Anwachsens zu mulchen und im Frühjahr Volldünger zu verabreichen. Verwelkte Blüten und Blätter sind zu entfernen.

■ **VERMEHRUNG** Durch Teilung im Herbst oder Frühjahr.

■ **PROBLEME** Keine.

■ **MERKMALE** Beinwell ist unter Gärtnern, die mit organischen Stoffen arbeiten, als Pflanze für die Bodenverbesserung und für den Komposthaufen gut bekannt. Es gibt aber auch einige dekorativere Formen, die ideale Bodendecker für schattige Stellen sind. Diese werden wegen ihrer ovalen oder lanzettförmigen Blätter und der im späten Frühjahr erscheinenden Blütensporne kultiviert.

> **GRÖSSE** 30–60×45–60 cm, die genannten Sorten sind kleiner als die Spezies.
> **STANDORT UND BODEN** Jede schattige Stelle, möglichst feucht. Gedeiht jedoch auf den meisten Böden. Unkrautunterdrückungsklasse 4.
> **WINTERHÄRTE** Sehr hart, verträgt mindestens −20 °C.

### Empfohlene Arten

*Symphytum caucasicum*: haarige, mittelgrüne Blätter, rote bis purpurfarbige oder blaue Blüten im Frühsommer; 'Goldsmith': leuchtend grünes Laub mit creme- oder goldfarbigen Rändern, weiße, blaue oder rosafarbige Blüten im zeitigen Frühjahr; 'Hidcote Blue': malvenfarbige bis blaue oder weiße Blüten im späten Frühjahr bis zum Frühsommer.

*Symphytum caucasicum* 'Hidcote Blue'

## Tanacetum

„So wie die mit ihr eng verwandte Schafgarbe (Achillea, siehe S. 58) ist der Rainfarn (Tanacetum vulgare) eine unkomplizierte Pflanze, die man oft in ihrer ursprünglichen Form als Unkraut findet. Aber es gibt davon auch einige dekorativere Arten für den Garten. Sie ist stark, aber nicht unangenehm aromatisch und kann als Bodendecker in wilderen Teilen des Gartens verwendet werden."

■ **PFLEGE** Im Frühjahr Volldünger verabreichen und regelmäßig welke Blüten entfernen, um Neubildung von Blüten zu fördern.

■ **VERMEHRUNG** Durch Teilung oder Aussaat im Frühjahr.

■ **PROBLEME** Keine. Jedoch kann sich *T. vulgare* durch Aussamen ziemlich weit ausbreiten.

■ **MERKMALE** Winterharte Stauden mit gänseblümchen- oder knopfähnlichen Sommerblüten. Viele Arten haben auch dekoratives und aromatisches Laub.

> **GRÖSSE** Sehr unterschiedlich (siehe Empfohlene Arten).
> **STANDORT UND BODEN** Offene, sonnige Stellen und gut durchlüfteter Boden.
> **Unkrautunterdrückungsklasse 3.**
> **WINTERHÄRTE** Unterschiedlich. Die hier empfohlenen Arten sind jedoch sehr hart und vertragen −20 °C.

> ### Empfohlene Arten
> *Tanacetum argenteum* (syn. *Achillea argentea*): immergrünes Polster, stark zerteiltes, silbergraues Blattwerk, kleine, weiße, gänseblümchenähnliche Blüten, die in der Mitte gelb sind, 20×30 cm; *T. vulgare* (syn. *Chrysanthemum vulgare*, Rainfarn): stark zerteilte, leuchtend grüne, aromatische Blätter, zierliche, knopfähnliche, gelbe Blüten, 1 m×60 cm; *T. v.* var. *crispum* (kräuselblättriger Rainfarn): gekräuselte, farnähnliche Blätter, nur 60 cm hoch.

## Tellima

*„Die robusteren Spezies von* Saxifraga *hatte ich als Überraschung unter den Bodendeckern bezeichnet. Diese Pflanze hier ist kein Steinbrech, aber sie gehört zu der gleichen Familie. Wie bei der mit ihr verwandten* Heuchera *handelt es sich um eine Gattung, zu der ich langsam meine Zuneigung entdeckt habe. Und ich bin jetzt an dem Punkt angelangt, wo ich sie ziemlich attraktiv finde."*

■ **PFLEGE** Mulchen, wenn das Laub vollständig abstirbt. Im Frühjahr Volldünger verabreichen und nach der Blüte die welken Blüten entfernen.
■ **VERMEHRUNG** Durch Teilung im Herbst oder Frühjahr oder Aussaat im Frühjahr.
■ **PROBLEME** Keine.
■ **MERKMALE** Nur eine Spezies, eine krautige Staude, die in milden Gegenden zumeist immergrün ist. Als Waldpflanze wie *Heuchera* trägt sie Blattbüschel mit Blütenspornen, die über dem Laub im späten Frühjahr bis zum Frühsommer erscheinen.

*Tellima grandiflora*

**GRÖSSE** 45 × 45 cm, während der Blüte bis zu 60 – 75 cm hoch.
**STANDORT UND BODEN** Vorzugsweise leichter Schatten, kommt aber auch mit Sonne oder tieferem Schatten zurecht. Mag am liebsten kalten, aber gut durchlüfteten Boden, kann aber auf den meisten Böden gepflanzt werden.
**Unkrautunterdrückungsklasse 2 – 3.**
**WINTERHÄRTE** Hart, verträgt ca. –15°C.

**Empfohlene Arten**
*Tellima grandiflora*: hellgrüne, haarige Blätter, aufrechte Stängel mit kleinen, grüngelben Blüten, die später rosafarbig werden.

## Thalictrum   Wiesenraute

*„Überall kennen Gärtner* Thalictrum *als Wiesenraute, eine schöne, große Staude für feuchte Stellen und eine einheimische Pflanze mit einigen überraschenden exotischen Verwandten. Man muss sich nur einmal eine Hecke oder wildes Grasland anschauen, um diese Zwergspezies zu finden, die viele Leute zu dem Trugschluss verleitet, dass es sich um eine große Gruppe von Frauenhaarfarnen handelt."*

■ **PFLEGE** Im Frühjahr mulchen und Volldünger verabreichen. Blütenstängel nach der Blüte zurückschneiden.
■ **VERMEHRUNG** Durch Teilung im Frühjahr, Umpflanzen der natürlich bewurzelten Ausläufer oder Aussaat im Spätsommer oder Herbst.
■ **PROBLEME** Auf nährstoffreichen, fruchtbaren Böden wuchernd.
■ **MERKMALE** Die meisten *Thalictrum*-Arten sind mittelgroße bis große Rabattenpflanzen mit einer Fülle von Sommerblüten. *T. minus* ist jedoch eine bodendeckende Spezies, die eher wie ein Frauenhaarfarn aussieht.

**GRÖSSE** 30 × 20 cm, jedoch mehr oder weniger unendliche Ausbreitung durch Ausläufer.
**STANDORT UND BODEN** Vorzugsweise leichter bis tiefer Schatten. Gedeiht am besten auf feuchtem, humusreichem, alkalischem Boden, verträgt aber die meisten Standorte.
**Unkrautunterdrückungsklasse 3.**
**WINTERHÄRTE** Sehr hart, verträgt –20°C und darunter.

**Empfohlene Arten**
*Thalictrum minus*: blassgrüne Blätter, jedes bis zu 25 cm lang und aus tiefgelappten Blättchen bestehend, luftige Trauben kleiner, cremegelber Blüten.

*Thalictrum minus*

# STAUDEN UND ALPENPFLANZEN

## Thymus  Thymian

„*Thymian darf in keinem Kräutergarten fehlen. Für Speisezwecke sollte man aber mehr die büschelartigen, horstbildenden Arten anbauen, da sie am besten schmecken. Aber auch bei Überlegungen für die Bodendeckung ist Thymian unbedingt zu berücksichtigen, denn die flach wachsenden, Polster bildenden Kulturformen bzw. insbesondere einige bestimmte Arten erzeugen einen Teppich, der attraktiv aussieht und so fest ist, dass man darüber laufen kann.*"

■ **PFLEGE** Leicht mulchen und im Frühjahr etwas Volldünger verabreichen.

■ **VERMEHRUNG** Durch halb reife Sprossstecklinge im Spätsommer oder durch Aussaat im Frühjahr oder Herbst.

■ **PROBLEME** Keine. Jedoch ist es günstig, die Pflanzen ca. alle drei Jahre durch Stecklinge zu ersetzen.

■ **MERKMALE** Kriechende oder buschige, immergrüne Staude mit kleinen, aber attraktiven, aromatischen Blättern in grün-, silber- oder goldfarbigen Schattierungen. Kleine rosafarbige, weiße oder purpurfarbige Blüten erscheinen im Sommer.

> **GRÖSSE** Niederliegende Formen ca. 5 × 25 – 30 cm.
> **STANDORT UND BODEN** Volle Sonne und gut durchlüfteter Boden. Gedeiht besonders gut in Gärten mit alkalischem Boden. Auf schweren Böden organische Stoffe oder Kies beim Pflanzen mit untergraben.
> **Unkrautunterdrückungsklasse 3 – 4.**
> **WINTERHÄRTE** Hart, verträgt −15 bis −20 °C.

*Thymus* 'Doone Valley'

> **Empfohlene Arten**
> *Thymus caespititius*: niederliegende, polsterartig wachsende Pflanze, leuchtend grüne Blätter, purpur- bis blassrosafarbige Blüten; 'Doone Valley': strauchartige Wuchsform, dunkelgrüne Blätter mit gelben Markierungen, purpur- bis rosafarbige Blüten, 10 × 20 cm; 'Porlock': niederliegendes Polster, glänzende, dunkelgrüne Blätter, purpurfarbige oder weiße Blüten; *T. serpyllum* (Kriechthymian, Wilder Thymian): niederliegendes Polster, dunkelgrüne Blätter, purpurfarbige oder weiße Blüten, 'Annie Hall': muschelrosafarbige Blüten, 'Pink Chintz': graugrüne Blätter, kleine rosafarbige Blüten.

## Tiarella  Schaumblüte

„Tiarella *ist eine der ersten Pflanzen, die Sie zu Gesicht bekommen, wenn Sie meinen Garten besuchen. Die Pflanze bedeckt eine kleine Rabatte an einer ziemlich schwierigen Stelle – etwas schattig, etwas trocken. Ich bin ganz froh, dass ich diesen Bereich sich selbst überlassen kann. Sie sollten die Pflanze, so wie ich, gemeinsam mit* Heuchera, Tellima *und* Omphalodes *pflanzen. Dies wirkt sehr angenehm. Nach ein paar Jahren werden sie dann den volkstümlichen Namen verstehen, denn die Blüten schweben wie Schaum über dem Blattwerk.*"

■ **PFLEGE** Im Frühjahr mulchen und Volldünger verabreichen.

■ **VERMEHRUNG** Durch Teilung im Frühjahr oder Herbst.

■ **PROBLEME** Keine.

■ **MERKMALE** Immergrüne Stauden, die wegen ihres frischen, grünen Laubs und der cremeweißen Blütenstände im Frühsommer geschätzt werden.

*Tiarella wherryi*

**GRÖSSE** 15 – 25 × 25 – 45 cm, wobei T. cordifolia 23 cm × 1 m erreicht.
**STANDORT UND BODEN** Vorzugsweise kalte, schattige Stellen, verträgt mäßig trockene Böden.
**Unkrautunterdrückungsklasse 3.**
**WINTERHÄRTE** Sehr hart, verträgt −20 °C und darunter.

**Empfohlene Arten**
*Tiarella cordifolia*: AGM-Preis, sich schnell ausbreitendes Polster, blassgrüne Blätter mit bronzefarbiger Tönung im Winter, weiße Blüten; *T. polyphylla*: horstbildend, rhizomartige Wurzeln, mittelgrüne Blätter, cremeweiße Blüten; *T. wherryi* (syn. *T. collina*): AGM-Preis, kompakter Horst, Blätter werden im Herbst rotbraun, rosafarbige oder weiße Blüten.

## Trifolium  Klee

*„Falls Sie einen Rasen haben, dann muss ich Ihnen sicher nicht erzählen, dass Klee eine guter Bodendecker ist. Wenn man nämlich nicht aufpasst, ist er sogar so gut, dass das Gras verschwindet, und die meisten Unkrautbekämpfungmittel für Rasen können dem Klee auch nichts anhaben. Aber Sie sollten alles tun, um diese Eigenschaften ausnutzen, wenn Sie eine Stelle in ihrem Garten einmal nicht mit Rasen begrünen wollen."*

■ **PFLEGE** Im Frühjahr Volldünger verabreichen.
■ **VERMEHRUNG** Durch Teilung im Frühjahr und Aussaat im Herbst. Sät sich leicht selbst aus.
■ **SCHNITT** Welke Blüten entfernen, falls Pflanze ungepflegt aussieht.
■ **MERKMALE** Klee ist ein guter Bodendecker, jedoch können einige Spezies wuchern. Das schönste Merkmal sind die zierlichen Blüten im Sommer, die auch die Bienen lieben. Jedes Blatt besteht aus vier bis sieben Einzelblättchen.

**GRÖSSE** 15 – 30 × 60 cm.
**STANDORT UND BODEN** Offene, sonnige Stelle erforderlich. Gedeiht in den meisten Böden.
**Unkrautunterdrückungsklasse 4.**
**WINTERHÄRTE** Sehr hart, verträgt −20 °C und darunter.

**Empfohlene Arten**
*Trifolium pratense* (Rotklee): halb immergrüne Pflanze, buschige, dunkelgrüne Blätter, rotpurpur- bis rosafarbige Blüten im Hochsommer, 'Susan Smith': dunkelrosafarbige Blüten, Blätter haben goldfarbige Adern; *T. repens* (Weißklee): am bekanntesten als Rasenunkraut, halb immergrün, kriechende Stängel, dunkelgrüne Blätter, duftende, weiße Blüten vom späten Frühjahr bis zum Frühherbst, 'Purpurascens': rotbraune Blättchen mit grünen Rändern, 'Purpurascens Quadrifolium' ist ähnlich, aber mit vier oder mehr Blättchen.

*Trifolium pratense* 'Susan Smith'

# STAUDEN UND ALPENPFLANZEN

## Verbena

„Verbena *gehört zu den wichtigsten Pflanzen für Kübel und Kästen im Sommer, und die halb winterharten Arten von* V. x hybrida *mit ihren roten, purpurfarbigen und weißen Blüten lassen sich dort schön mit Fuchsien und anderen beliebten Kübelpflanzen mischen. Allerdings gibt es auch winterharte Arten, und die südamerikanische* V. corymbosa *ist eine recht attraktive Pflanze, die sich bei mir besonders gut in warmen, sonnigen Beeten ausbreitet."*

■ **PFLEGE** Im Frühjahr Volldünger verabreichen.
■ **VERMEHRUNG** Im Frühjahr durch Teilung oder durch Weichholzstecklinge.
■ **PROBLEME** Blattläuse, Weichhautmilben, Falscher Mehltau.
■ **MERKMALE** Gattung mit winterhar-

ten Stauden (hier empfohlen) und halb harten Beetpflanzen mit Blüten in blauen, rosafarbigen, roten, purpurfarbigen und weißen Schattierungen. Die Wuchsformen sind sehr unterschiedlich. Das Hauptmerkmal besteht jedoch in den dichten Trauben kleiner Blüten an den Stängelenden.

---

**GRÖSSE** *V. corymbosa:* 1,2 × 1 m.
**STANDORT UND BODEN**
Warme, sonnige Stelle und fruchtbarer, feuchter Boden.
**Unkrautunterdrückungsklasse 2 – 3.**
**WINTERHÄRTE** Bedingt hart, verträgt ca. −5 bis −10 °C.

---

**Empfohlene Arten**
*Verbena corymbosa:* unterirdische Rhizome, dreieckige, mittelgrüne Blätter, kleine, lilafarbige Blüten, kann an feuchten Standorten wuchern.

---

## Veronica

„*Die Veronica-Arten werden volkstümlich Ehrenpreis genannt, und eine von ihnen,* Veronica filiformis, *ist für die 'blauen Rasen' verantwortlich, die man entweder liebt oder hasst. Es handelt sich hier um ein weit verbreitetes und schwer zu kontrollierendes Rasenunkraut, das, ähnlich wie Klee, auf die meisten Unkrautvernichtungsmittel nicht besonders gut anspricht. Es gibt aber auch andere, sich ausbreitende Veronica-Arten, die alle durch die gleichen stahlblauen Blüten gekennzeichnet sind. Die Gefahr, dass sie auch zu Rasenunkräutern werden, ist recht gering, aber überall, wo man sie hinpflanzt, entsteht ein ähnlich blauer Teppich.*"

■ **PFLEGE** Mulchen und im Frühjahr Volldünger verabreichen. Alle zwei bis drei Jahre ausgraben und teilen, um den kräftigen Wuchs der Pflanzen zu erhalten.

*Verbena corymbosa*

*Veronica prostrata* **'Mrs Holt'**

■ **VERMEHRUNG** Durch Teilung im Herbst oder Frühjahr. Aussaat im zeitigen Frühjahr.

■ **PROBLEME** Echter Mehltau.

■ **MERKMALE** Winterharte Stauden, einige immergrün. Werden wegen ihrer blauen Blüten im Sommer kultiviert.

---

**GRÖSSE** Sehr unterschiedlich (siehe Empfohlene Arten).
**STANDORT UND BODEN**
Sonniger Standort mit Schutz vor kaltem Wind. Verträgt die meisten Böden, gedeiht jedoch am besten in leichter, alkalischer Erde.
**Unkrautunterdrückungsklasse 2 – 3.**
**WINTERHÄRTE** Hart, verträgt −15 bis −20 °C.

---

**Empfohlene Arten**

*Veronica austriaca*: immergrüne Pflanze, aufrechter, aber schlaffer Habitus, flaumige, ovale Blätter, blassblaue Blüten vom Früh- bis zum Hochsommer, muss in kalten, nassen Gegenden im Winter abgedeckt werden, 20 × 60 cm; *V. beccabunga* (Bachbunge): schlaffe Wuchsform, dunkelgrüne Blätter, sternenblaue Blüten mit violetter Äderung im späten Frühjahr bis zum Frühsommer, braucht feuchten Boden, wird oft an Teichen gepflanzt, 60 × 60 cm; *V. nummularia*: immergrüne, polsterähnliche Steingartenpflanze, fleischige Blätter, blaue oder rosafarbige Blütentrauben, 5 × 30 cm; *V. prostrata* (syn. *V. rupestris*): AGM-Preis, immergrüne, polsterähnliche Steingartenpflanze, leuchtend blaue Blüten vom späten Frühjahr bis zum Frühsommer, 10 × 45 cm, 'Blue Sheen': leuchtend blaue Blüten, 'Mrs Holt': rosafarbige Blüten, 'Trehane': violettblaue Blüten, gelbgrünes Laub.

---

## Viola

*„Die Gattung* Viola *mit Veilchen, Stiefmütterchen und anderen Arten gehört schon lange zu den beliebtesten Mitgliedern unserer Gartenflora. Durch die Züchtung neuer und sehr harter Formen winterblühender Stiefmütterchen ist diese Pflanzengruppe in den letzten Jahren sogar noch populärer geworden. Dennoch sollte man über die Freude der im Sommer wie im Winter blühenden Stiefmütterchenrabatten nicht den Wert der mehrjährigen, teppichbildenden Arten als Bodendecker für wildere Teile des Gartens vergessen.“*

■ **PFLEGE** Im Frühjahr etwas Volldünger verabreichen. Welke Blüten sind zu entfernen, um die Neubildung zu fördern.

■ **VERMEHRUNG** Durch Fußstecklinge im Hochsommer oder Aussaat im Frühjahr.

■ **PROBLEME** Mosaikvirus, Rost.

■ **MERKMALE** Die meisten Arten sind winterharte, immergrüne Stauden, werden jedoch oft als kurzlebig kultiviert. Man schätzt sie vor allem wegen der schönen Blüten mit ihren fünf flachen Kronblättern, die in einer Vielzahl von Farben angeboten werden.

---

**GRÖSSE** 5 – 10 × 30 cm.
**STANDORT UND BODEN**
Sonne oder Halbschatten. Geeignet für die meisten Böden, wächst aber eventuell nicht an Stellen, wo verwandte *Viola*-Arten schon mehrmals gestanden haben.
**Unkrautunterdrückungsklasse 3.**
**WINTERHÄRTE** Sehr hart, verträgt bis zu −20 °C.

---

**Empfohlene Arten**

*Viola alba* (syn. *V. obliqua* subsp. *alba*): weiße Blüten mit violetten Adern vom späten Frühjahr bis zum Frühsommer, gedeiht am besten an etwas schattigen Stellen; *V. biflora*: leuchend gelbe Blüten im Frühjahr, gedeiht am besten an etwas schattigen Stellen; *V. riviniana* (Hundsveilchen): blaue bis violette Blüten mit Spornen, blüht vom zeitigen Frühjahr bis zum Spätherbst, kann auch wuchern – gut gegen wuchernden Rasen.

*Viola riviniana*

# INDEX

## FOTONACHWEIS

**A – Z Botanical Collection** S. 26, S. 78, S. 92 links/Andrew Alderley
   S. 60/Bob Gibbons S. 58 rechts/Julia Hancock S. 36/Malcolm Richards
   S. 69/Dan Sams S. 11/John Stiles S. 17/Adrian Thomas Photography
   S. 87 rechts
**Garden Matters** S. 33 rechts
**Garden Picture Library**/Mark Bolton S. 82/Philippe Bonduel
   S. 14 unten/Brian Carter S. 25 unten, S. 35, S. 45 rechts/Eric Crichton
   S. 9 oben, S. 52/Ron Evans S. 54 rechts/Christopher Fairweather
   S. 14 oben links/John Glover S. 20, S. 37 rechts, S. 38 rechts, S. 53 links,
   S. 53 rechts, S. 83 rechts, S. 86, S. 92 rechts/Sunniva Harte S. 37 links,
   S. 90/Neil Holmes S. 19, S. 34 rechts, S. 39, S. 47 links, S. 47 rechts,
   S. 79 links/Lamontagne S. 51, S. 88/Jerry Pavia S. 30 links/Laslo Puskas
   S. 41 rechts/Howard Rice S. 5 unten, S. 7, S. 28, S. 44, S. 45 links,
   S. 81 links, S. 91 links/J. S. Sira S. 14 oben rechts, S. 76/Didier Willery
   S. 12, S. 57, S. 84

**John Glover** S. 74 links
**Harpur Garden Library** S. 4, S. 25 oben, S. 30 rechts, S. 33 links,
   S. 46, S. 65, S. 85 unten, Umschlagrückseite/Beth Chatto S. 8,
   S. 9 unten/Kelvinside, Natal S. 6 unten
**Andrew Lawson** Umschlagvorderseite, S. 2 – 3, S. 5 oben, S. 6 oben,
   S. 13 unten, S. 21, S. 27 unten, S. 32, S. 43 rechts, S. 61 links, S. 71 links,
   S. 72, S. 73 oben, S. 73 unten, S. 74 rechts, S. 75, S. 81 rechts, S. 83 links,
   S. 89 links, S. 91 rechts, S. 93
**Octopus Publishing Group Ltd** S. 1 oben, S. 1 unten, S. 2, S. 13 oben,
   S. 16, S. 23, S. 24, S. 31, S. 40, S. 41 links, S. 42, S. 43 links, S. 49 links,
   S. 55, S. 56, S. 58 links, S. 59, S. 61 rechts, S. 62, S. 64, S. 66 rechts,
   S. 67, S. 68, S. 70, S. 71 rechts, S. 77, S. 79 rechts, S. 80
**Photos Horticultural** S. 10, S. 22, S. 34 links, S. 54 links, S. 87 links
**Harry Smith Collection** S. 18, S. 27 oben, S. 29, S. 38 links, S. 48,
   S. 49 rechts, S. 50, S. 63, S. 66 links, S. 85 oben, S. 89 rechts